1.00

MW01709867

Éditions du cram

M O N T R É A L

Vivre en couple et heureux, c'est possible

Autres ouvrages de Colette Portelance

aux Éditions du Cram

Relation d'aide et amour de soi

Approfondissez vos relations intimes par la communication authentique

Éduquer pour rendre heureux

Aimer sans perdre sa liberté

La guérison intérieure, un sens à la souffrance

L'acceptation et le lâcher-prise

Les 7 étapes du lâcher-prise

3 grands secrets pour réussir votre vie amoureuse

COLETTE PORTELANCE

Vivre en couple et heureux, c'est possible

Les Éditions du CRAM

1030 Cherrier, bureau 205,
Montréal, Qc. H2L 1H9
514 598-8547

www.editionscram.com

Conception graphique
Alain Cournoyer

Dépôt légal — 2e trimestre 2014
Bibliothèque et Archives nationales du Québec
Bibliothèque nationale du Canada

Nous reconnaissons l'aide financière du gouvernement du Canada par l'entremise du Fonds du livre du Canada pour nos activités d'édition.

Gouvernement du Québec – Programme de crédit d'impôt pour l'édition de livres – Gestion SODEC.

Société de développement des entreprises culturelles
Québec

Patrimoine canadien Canadian Heritage

Distribution au Canada : Diffusion Prologue
Distribution en Europe : DG Diffusion (France), Caravelle S.A. (Belgique), Transat Diffusion (Suisse)

Catalogage avant publication de Bibliothèque et Archives nationales du Québec et Bibliothèque et Archives Canada

Portelance, Colette, 1943-

Vivre en couple et heureux, c'est possible

(Psychologie)

Comprend des réf. bibliogr.

ISBN 978-2-922050-83-7

1. Couples. 2. Amour. 3. Relations entre hommes et femmes.
4. Communication interpersonnelle. 5. Réalisation de soi.

I. Titre. II. Collection: Collection Psychologie (Éditions du CRAM).

HQ801.P66 2007 306.872 C2007-941521-0

Imprimé au Canada

Table des matières

Introduction **13**

Chapitre 1 : Les étapes vers la maturité du couple **19**

Étape de la fusion et de l'idéalisation 20

Les caractéristiques de la première étape 21

Pourquoi sommes-nous attirés par certaines personnes en particulier? 23

Pourquoi la passion des premiers jours est-elle si intense? 27

Pourquoi la passion des débuts de relation amoureuse ne dure-t-elle pas toujours? 29

Les avantages de la première étape 31

Étape du deuil et de la désillusion 32

Les caractéristiques de la deuxième étape 35

Comment passer de la phase de fusion à la phase du réel? 38

Chapitre 2 : Le couple dans la réalité **45**

Étape de la rencontre avec la réalité 45

Il n'y a pas d'amour véritable sans souffrance 46

Il n'y a pas de couple heureux sans conflits 51

Pourquoi les conflits du couple sont-ils inévitables? 53

À quoi servent les conflits? 55

Comment aborder les conflits? 57

Accueillir sa propre souffrance 58

Accueillir ses mécanismes de défense 61

Passer du registre défensif au registre émotionnel 63

Prendre du recul 64

Reconnaître sa responsabilité 66

Développer une vision créatrice du conflit 72

Il n'y a pas de couples heureux sans acceptation des différences 73

Sur quoi portent les différences des conjoints? 74

Différences d'émotions 74

Différences des zones de sensibilité psychique 77

Différences de mécanismes de défense 81

Différence des besoins 86

Différences de limites 93
Comment apprendre à vivre avec les différences ? 103
Rechercher la complémentarité 104
Se remettre en question 111
L'évolution d'un couple vers sa maturité demande du temps 112
Le travail sur soi 115
L'ouverture à la reconnaissance 116
L'acceptation des contradictions et des ambivalences 118
L'expression de la vérité à propos des faits et des sentiments 120
Chapitre 3 : L'engagement 125
Ce que signifie « s'engager » 128
Conséquences de l'engagement 130
L'engagement envers soi 131
L'amour de soi 131
L'autonomie et la responsabilité 138
L'engagement envers l'autre 141
Aimer vraiment 142
Inspirer confiance 143
Introduire la gratuité dans la relation 146
Être fidèle 147
L'engagement envers la relation 151
Faire de la relation de couple une priorité 151
S'impliquer dans la relation 154
Avoir des projets communs 156
Se ressourcer 158
Chapitre 4 : La communication 161
Les niveaux de la communication 162
La communication pratique 162
La communication impersonnelle 163
La communication narrative 164
La communication intime 164
Des moyens efficaces pour mieux communiquer 166
Choisir le moyen à intégrer 167
Mettre le moyen en action 168
Faire un retour quotidien sur les nouvelles expériences de communication. 169
Les moyens 170

1. Réduisez les sources de stress 170
2. Consacrez 100 % de votre attention à la communication 173
3. Parlez de vous et non de l'autre 177
4. Distinguez ce que vous vivez de ce que vous observez 180
5. Faites des demandes claires 182
6. Écoutez l'autre attentivement 184
7. Écoutez ce que vous ressentez pendant que l'autre parle 187
8. Donnez un feed-back 191
9. Prenez le temps de négocier 195
10. Sachez reconnaître les forces et les richesses de l'être aimé 197
11. Sachez reconnaître vos erreurs 200
12. Soyez toujours authentique avec l'être aimé 203

Chapitre 5 : La sexualité 207

A. Communiquez 207
Communiquez vos besoins 208
Communiquez vos peurs 210
Soyez toujours authentique 211
B. Libérez-vous de vos illusions 213
C. Acceptez vos différences 217
D. Moyens pour composer avec les différences sexuelles 221
1. Cessez d'attendre que l'autre change 221
2. Acceptez les fluctuations de vos désirs 222
3. Accueillez sans jugement les désirs de votre conjoint 223
4. Ne culpabilisez pas et ne faites pas de reproches à l'autre 223
5. Écrivez-vous des mots d'amour et de reconnaissance 224
6. Regardez des films érotiques ensemble 225
7. Consacrez du temps pour vous aimer 226
8. Allez en vacances 227

Chapitre 6 : Le couple et la spiritualité 229

Les incompréhensions 232
L'impuissance 234

Conclusion 237

Bibliographie 243

À propos de l'auteur 245

À *François, mon amour depuis* 1962

Introduction

En ce début du 3e millénaire, est-il encore réaliste de rêver d'une vie de couple durable et heureuse ? La relation amoureuse peut-elle traverser l'épreuve du temps ? L'amour, le désir et la passion sont-ils uniquement réservés à l'enfance des relations de couple ?

Si l'on en juge d'après ce que nous présentent généralement les médias et d'après ce qui est véhiculé autour de nous à propos de la vie à deux, l'avenir du couple ne serait pas très reluisant. En effet, ce que l'on nous montre du couple contemporain, ce que l'on entend fréquemment et ce sur quoi nous sommes enclins à porter notre attention a pour conséquence d'entretenir, chez un grand nombre de personnes, la peur de l'engagement, voire la peur de l'attachement par crainte de l'échec, de la souffrance ou de l'ennui.

Le nombre de couples qui se déchirent, se séparent ou divorcent après avoir connu l'intensité envoûtante de la passion amoureuse des premières années – quand ce n'est pas des premiers jours – ne cesse de croître. Ceux-là finissent souvent par se détester autant qu'ils se sont aimés et par se vouloir autant de mal qu'ils se souhaitaient de bien. Comme si l'amour n'existait pas en dehors de cette fougue qui les perd ou qui les détruit. Comme si le couple n'avait d'autres réalités que l'ardeur ensorcelante ou la résignation inéluctable. La plupart du temps, l'histoire tumultueuse de ces couples passionnés qui s'aiment follement ou se meurtrissent violemment, ne résiste pas aux soubresauts de la réalité.

À l'autre extrême se trouve l'image qui nous est offerte des couples qui ont traversé l'épreuve du temps. Ceux-là nous apparaissent souvent tristes, sans âme et privés d'énergie et de passion. Ils semblent subir leur vie de couple comme ils subissent la plupart des événements. Ils sont résignés et enlisés dans une routine – quand ce n'est pas une attitude de victime – qui rend leur vie ennuyeuse et mélancolique.

À nous présenter ainsi la vie amoureuse, on pourrait facilement déduire que l'amour, le désir et la passion ne sont pas durables dans la vie des couples ou encore que le couple qui franchit l'épreuve de la durée est voué à l'ennui et à l'amertume. Entre les deux, n'existerait-il pas des couples qui s'aiment, se désirent et cultivent une attirance l'un pour l'autre après avoir partagé de nombreuses années de relation? Y a-t-il encore des couples véritablement heureux qui ont su traverser les années sans détruire leur amour?

En portant notre regard presque exclusivement sur l'image négative, déprimante et décourageante du couple, il devient difficile pour la majorité des gens de mettre en lumière l'autre visage de la réalité : celui des couples heureux, de ceux qui s'aiment sans se détruire et qui évoluent ensemble sans se résigner et sans s'ennuyer.

C'est à cette partie importante de notre société que ce livre veut accorder son attention. Il existe en effet de nombreux couples qui semblent sans histoire mais dont l'histoire en est une d'amour véritable, de persévérance et de bonheur.

C'est à partir de l'expérience de certains de ces nombreux couples, dont je fais partie, que j'ai écrit ce livre pour mettre enfin au grand jour les secrets de ceux qui cultivent encore le sentiment amoureux après de nombreuses années de vie commune.

Si vous connaissez le bonheur de vivre en couple ou si, malgré vos désillusions, vos souffrances, vos échecs amoureux, vous n'avez pas perdu l'espoir d'être heureux à deux, ce livre est pour vous. En effet, le premier pas vers le bonheur durable du couple, c'est d'y croire, d'y croire pleinement. **Vivre en couple et heureux, c'est possible.** C'est possible pour vous qui me lisez. N'est-ce pas d'ailleurs cette foi profonde dans l'amour et le bonheur du couple qui est à l'origine de mon expérience d'une vie de couple heureuse ? N'est-ce pas cette foi enracinée qui m'a fait traverser plus de cinquante ans de vie amoureuse sans résignation ?

Vivre heureux à deux : c'est possible, mais à certaines conditions. Le bonheur du couple n'est pas donné. Il se construit. Les couples qui ont su cultiver le sentiment amoureux pendant des années le savent. Leur cheminement vers une vie réussie les a fait passer par des routes parfois ensoleillées, parfois orageuses mais jamais ternes.

Forts de leurs expériences, ces couples heureux se reconnaissent par différentes caractéristiques communes. Tous, sans exception, ont franchi les étapes qui ont mené leur amour vers sa maturité. De plus, ils ont appris à composer avec la réalité plutôt que de la fuir et ils ont compris l'importance prioritaire de l'engagement et de la communication comme facteurs premiers de bonheur dans leur relation. Enfin, ils n'ont jamais négligé ces deux éléments fondamentaux sans lesquels le couple n'a pas de raison d'être ni de fondation : la sexualité et la spiritualité.

Ce sont ces caractéristiques d'une vie de couple heureuse et durable que je développerai dans ces pages dont le contenu gravitera autour des six thèmes suivants :

- les étapes vers la maturité ;
- la réalité ;
- l'engagement ;
- la communication ;
- la sexualité ;
- la spiritualité.

Mon premier but en écrivant ces pages est de donner l'espoir à ceux qui s'aiment, à ceux qui veulent une vie de couple heureuse mais qui connaissent des difficultés relationnelles et à ceux qui sont seuls. **Mon deuxième but** est de fournir à toutes ces personnes qui rêvent d'une vie de couple réussie, des bases solides et réalistes sur lesquelles elles pourront construire leur relation amoureuse de façon à ce qu'elle gagne chaque jour en profondeur sans perdre en sensibilité, en intérêt et en liberté. **Mon dernier objectif** est d'accorder au couple la place qui lui revient dans la société.

Je suis profondément convaincue que l'évolution de la collectivité repose en grande partie sur la santé du couple et conséquemment de la famille.

En nourrissant nos yeux et nos cœurs d'images réelles et encourageantes en rapport avec la relation de couple, nous sèmerons un espoir constructeur dans le cœur des hommes et des femmes qui veulent être heureux ensemble et nous contribuerons ainsi plus facilement à former des couples qui s'aiment assez pour offrir à leurs enfants et à leur entourage des modèles d'épanouissement et de réalisation.

Être heureux en couple c'est non seulement possible mais c'est de plus en plus souhaitable parce que le lien amoureux est le fondement d'une famille heureuse et d'un monde où régneront davantage la paix, l'harmonie et la liberté, dans un contexte réaliste où les conflits, les obstacles, les crises et les problèmes inévitables serviront de lieux de renouvellement, d'évolution intérieure, de renaissance perpétuelle de l'amour véritable.

***Vivre en couple… et heureux, c'est possible* est un livre qui vous invite à raviver la flamme que vous croyiez éteinte ou à recréer la joie d'aimer que vous pensiez disparue. Il vous redonnera le sentiment d'être encore vivant si vous ouvrez votre cœur à tout ce qu'il a à vous offrir.**

Chapitre 1
Les étapes vers la maturité du couple

La plupart des spécialistes qui ont écrit sur la vie de couple dont, notamment, Susan PAGE, Harville HENDRIX, Arnaud DESJARDINS, ont observé que les couples qui connaissent l'expérience de l'accomplissement amoureux ont généralement traversé des étapes de cheminement bien déterminées. En effet, la majorité d'entre eux sont passés à travers plusieurs phases avant d'atteindre cette forme de plénitude que chacun recherche au moment où il tombe amoureux. Nous pouvons réduire ces périodes d'évolution du couple à trois étapes importantes que je qualifierai ainsi, à l'instar de Susan PAGE :

- l'étape de la fusion et de l'idéalisation,
- l'étape du deuil et de la désillusion,
- l'étape de la rencontre avec la réalité.

Pour bien suivre ce parcours que connaissent la plupart des couples heureux, je développerai chacune de ces étapes en montrant ce qui les caractérise, ce qui permet de passer plus facilement d'une étape à l'autre et ce qu'elles apportent de fondamental à l'évolution du couple vers sa maturité.

Étape de la fusion et de l'idéalisation

Quand Louise et Victor se sont rencontrés, ils étaient tous les deux convaincus qu'ils avaient enfin trouvé le grand amour. Ils étaient d'ailleurs fortement attirés l'un vers l'autre et habités par une passion qu'ils n'avaient jamais connue auparavant. Dès les premiers jours, ils ont élaboré des projets de toutes sortes. Ils voulaient vivre sous le même toit, s'acheter une maison à la campagne, voyager, avoir des enfants et prendre tous les moyens pour être ensemble le plus souvent possible. Ils étaient si heureux en présence l'un de l'autre ! Ils souhaitaient tout faire pour protéger ces instants privilégiés. Comme elle était heureuse de pouvoir enfin profiter de l'amour d'un homme tendre, généreux, disponible et sensible ! Comme il était favorisé de pouvoir enfin jouir de la présence enchanteresse d'une femme douce, dynamique, créatrice et déterminée ! Il fallait à tout prix que cette magie des premiers jours ne s'effrite pas. Il fallait entretenir le rêve du bonheur sans souffrance. Ils étaient d'ailleurs tous les deux convaincus que cette fois, c'était possible, que cette fois, ils y arriveraient, que cette fois, ils seraient heureux.

Malgré leur bonne volonté, quatre ans plus tard, ils n'arrivaient plus à trouver cette passion du début. Malgré la naissance d'Isabelle, malgré la superbe maison qu'ils s'étaient achetée à la campagne, malgré la réalisation de la plupart de leurs rêves, ils avaient le sentiment d'avoir failli sur l'essentiel : leur désir profond d'être heureux ensemble. Pourquoi ?

Cette histoire de Louise et Victor ressemble à celle de nombreux couples à leurs débuts parce qu'elle contient les principales caractéristiques de la première des étapes qui forment l'évolution de la vie amoureuse. Pour bien situer cette étape, après en avoir établi les particularités, nous verrons pourquoi elle se distingue par une passion aussi bouleversante et pourquoi elle ne peut pas durer. Nous verrons aussi qu'elle comporte des avantages qui peuvent servir de fondement à la relation de couple à condition que les amoureux en soient conscients.

Commençons d'abord par les caractéristiques.

Les caractéristiques de la première étape

L'expérience de Louise et de Victor est typique. En la lisant, beaucoup de couples se sont reconnus dans les grandes lignes, j'en suis sûre. Généralement, les amoureux connaissent d'abord une phase intense de fusion, d'attraction et de désir au cours de laquelle ils ont le sentiment profond d'avoir les mêmes goûts, de partager les mêmes désirs et les mêmes besoins, d'avoir les mêmes projets et de vivre les mêmes émotions. Ils sont aussi habités par l'émerveillement de voir l'autre sans défaut. Seules ressortent les qualités. « Il est merveilleux ». « Elle est extraordinaire », disent-ils à qui veut l'entendre. C'est aussi, en fait, le moment où chacun projette sur la personne aimée, l'être idéal qu'il a rêvé de rencontrer. Aussi chacun ne voit pas son amoureux tel qu'il est mais tel qu'il souhaiterait qu'il soit. Autrement dit, il voit l'autre parfait ou presque parfait au point de banaliser à l'extrême ses manquements, ses faiblesses et ses limites.

Au cours de cette période idyllique de la relation, l'amoureuse tentera de répondre à l'image de la femme idéale que son amoureux projette sur elle. De son côté, il fera tout ce qu'il peut pour répondre à l'image de l'homme idéal qu'elle projette sur lui, et ce, en essayant d'incarner le plus possible ce modèle de perfection. Aussi, quand il valorisera sa douceur et son enthousiasme, elle accentuera ces qualités pour lui offrir la femme qu'il a toujours cherchée. Elle n'est pas consciente qu'en faisant cela, elle s'enferme dans un cadre qui l'empêche d'être vraiment ce qu'elle est. Il n'en sera pas conscient non plus lorsqu'il consacrera beaucoup d'énergie pour garder son personnage d'homme tendre, sensible et généreux, et ce, au détriment de sa liberté d'être vrai.

Les amoureux ne se rendent pas compte qu'ils payent du prix de leur liberté d'être eux-mêmes, la satisfaction de leur grand besoin d'être aimés.

C'est l'étape de l'idéalisation : idéal de soi, de l'autre et de l'amour. Chacun croit aimer et être aimé inconditionnellement. Ce rêve d'amour sans souffrance et sans condition reste possible tant et aussi longtemps que chacun des deux amoureux répond à l'idéal de l'autre, tant et aussi longtemps que chacun entretient son personnage d'homme idéal ou de femme parfaite. Il y a d'ailleurs quelque chose d'envoûtant dans cette recherche passionnée de fusion et d'idéalisation parce qu'elle fait vivre une intensité émotionnelle peu commune.

C'est d'ailleurs cette intensité que recherchent de nombreuses personnes qui passent d'un conjoint à l'autre, d'illusions en désillusions pour conclure, désabusés, qu'il est impossible de soutenir une vie de couple à la fois passionnante et durable. Pourtant, malgré les déceptions répétées, ces personnes n'ont aucun pouvoir sur le phénomène de l'attraction qui les entraîne malgré elles vers d'autres aventures où la passion est toujours au rendez-vous. Elles voudraient bien savoir pourquoi certains hommes ou certaines femmes ont sur elles un effet irrésistible alors que d'autres, visiblement séduisants, n'arrivent pas à faire battre leur cœur. Elles voudraient bien savoir aussi d'où vient l'intensité passionnelle des débuts de relation amoureuse et pourquoi elle ne dure pas.

Caractéristiques de la première étape d'une vie de couple

- intensité de l'attraction et du désir
- idéalisation

- projection sur l'autre de l'idéal recherché
- incarnation de l'idéal de l'autre
- sentiment d'avoir changé pour le mieux
- fusion des goûts, des besoins, des émotions
- amour inconditionnel
- croyance que les problèmes sont disparus
- croyance que la passion sera éternelle

Pourquoi sommes-nous attirés par certaines personnes en particulier?

Marcel et Jeannine avaient deux amis communs qui ne se connaissaient pas. Il s'agissait de deux célibataires à la recherche de l'âme sœur. L'occasion était belle de les présenter l'un à l'autre. Avec leur accord, le couple les reçut à souper dans leur appartement. Le repas fut agréable, l'atmosphère chaleureuse et la conversation intéressante et animée. Lorsque leurs amis les quittèrent, vers onze heures, Marcel et Jeanine étaient convaincus qu'ils allaient les revoir ensemble. La soirée s'étant en effet bien déroulée, il leur semblait qu'Auguste et Nathalie allaient bien s'entendre tous les deux. Ils n'avaient pas tout à fait tort. Auguste et Nathalie se plaisaient bien en effet. Ils devinrent d'ailleurs de très bons amis. Cependant, ils n'étaient pas du tout attirés l'un par l'autre.

Le phénomène de l'attraction a questionné de nombreux chercheurs et intrigué ceux qu'il a attirés dans son filet. Indépendant de la volonté et de la raison, il enlève souvent aux personnes qu'il envoûte, leur liberté de choisir. Même si la raison juge que tel homme ou telle femme est logiquement intéressant ou intéressante, le corps et le cœur n'y sont pas toujours. Pourquoi?

Auguste était bien conscient des qualités extraordinaires de Nathalie. Il voyait bien les valeurs qu'il partageait avec elle, les goûts qu'ils avaient en commun. Avec cette femme, il aurait pu être heureux, il en était sûr, si seulement elle l'avait attiré physiquement, si seulement elle avait fait battre son cœur, ce qui n'était pas le cas. Par contre, il tremblait de désir devant sa nouvelle collègue de travail, et ce, malgré les nombreuses différences qui les opposaient. Il aurait bien aimé avoir plus de pouvoir sur ces réalités mais il n'y arrivait pas. Pourquoi ?

C'était aussi le cas de Marc qui, par sa beauté, son intelligence, sa générosité et sa délicatesse, attirait le regard de nombreuses femmes remarquables et qui ne répondait en rien à leurs tentatives de séduction parce qu'elles ne le faisaient pas vibrer intérieurement. La femme qui l'attirait était plus âgée que lui ; elle était divorcée et mère d'une petite fille de quatre ans. Aller dans le sens de son attirance, c'était accepter d'affronter certains obstacles. Marc ne choisissait pas la facilité, mais c'était avec elle qu'il voulait construire sa relation de couple parce que c'était elle qui lui plaisait vraiment. Pourquoi elle ?

Serions-nous viscéralement attirés par une seule personne ?

Je ne le crois pas. Nous sommes plutôt rejoints profondément par un type d'hommes ou de femmes bien particulier. Mais qu'est-ce qui caractérise ce genre de personnes qui produit sur nous un effet presque automatique ?

Comment se fait-il que, sans même les connaître, certaines personnes provoquent des changements physiologiques dans tout notre être alors que d'autres nous laissent indifférents ?

L'attirance amoureuse est déclenchée par le langage du corps. Le regard, la taille, le timbre de voix, l'attitude, la position de la tête, l'expression de la figure, l'énergie qui se dégage de la personne qui nous attire sont autant de langages subtils non verbaux qui agissent sur notre inconscient et ont un impact sur nos réactions physiologiques et psychologiques. Reflets de l'état psychique, ces signes corporels rappellent à notre mémoire inconsciente les relations affectives importantes du passé, en particulier la relation avec nos parents ou leurs substituts.

Pour être plus clair, soulignons que nos premières expériences de l'amour ont été très marquantes pour nous. Nous avons appris, généralement à l'intérieur de ces relations, ce que c'est qu'aimer et être aimés. Peu importe si elles ont été bonnes ou mauvaises, peu importe si nous avons été bien aimés ou mal aimés, nous avons grandi avec ces expériences affectives dominantes comme points de référence sur le plan de l'amour.

Si, par exemple, nous avons appris à aimer à l'intérieur d'une relation fondée sur la culpabilité et la répression des besoins, notre corps et notre psychisme associeront l'amour à ces deux réalités puisque c'est dans ce contexte qu'ils ont évolué. Notre être en est donc imprégné et notre inconscient ne pourra dissocier l'amour de l'expérience culpabilisante et de la négation des besoins. Nous serons donc inconsciemment attirés par des personnes qui éveilleront en nous le trio indissociable « amour-culpabilité-négation de soi » puisque notre expérience de l'amour n'a pas existé autrement. Ce phénomène qui paraît complexe au départ est au fond d'une très grande simplicité. En fait, nous attirons ce que nous connaissons.

Pourquoi le phénomène de l'attraction amoureuse se manifeste-t-il généralement dès la première rencontre et en si peu de temps ?

En réalité, tout se passe d'inconscient à inconscient. Le langage subtil du corps reflète toujours le monde psychique et agit sur le monde environnant à l'insu des personnes concernées. Son action est immédiate et influence favorablement ou défavorablement les états intérieurs. Pour mieux me faire comprendre, prenons l'exemple suivant : ne vous est-il pas déjà arrivé de rencontrer quelqu'un que vous ne connaissiez pas et de vous sentir très mal à l'aise en sa présence ? Comment expliquez-vous ce malaise alors que peut-être même, aucune parole n'a été échangée ? À l'inverse, n'avez-vous pas croisé des personnes en compagnie desquelles vous vous sentiez calme, serein, heureux ? Comment expliquer ce phénomène réel d'influences inconscientes qui se jouent au moment des premières rencontres et sur lesquels nous n'avons aucun pouvoir. Notre seul pouvoir est d'écouter notre « ressenti » et de nous en servir comme guide au niveau des choix à faire ou des gestes à poser dans ces occasions spéciales.

Tous les êtres humains sont porteurs d'un état psychique qui résulte de l'ensemble de leurs expériences affectives et particulièrement de l'expérience première. Cet état se reflète à l'extérieur par le langage inconscient du corps, et ce, parce que, comme l'a si bien démontré Pierre Janet, le psychologique et le physiologique sont indissociables en l'être humain.

Bien que cette réalité explique de nombreux malaises apparemment inexplicables et de multiples bien-être apparemment incompréhensibles, elle ne doit pas pour autant faire l'objet d'interprétations sauvages.

Notre ressenti ne nous trompe pas sur nous-mêmes. Il n'a par contre aucun pouvoir de nous indiquer ce qui se passe dans le monde intérieur des autres.

Il nous informe de nos propres états intérieurs, agréables ou désagréables, et nous incite à l'action. Nous savons, par exemple, qu'en présence d'une telle personne nous ressentons de l'inquiétude ou de la peur, ce qui ne doit pas nous amener à conclure que cette personne est malhonnête. De même, nous savons que tel homme déclenche en nous du désir et nous fait vibrer, ce qui ne signifie pas qu'il veut nécessairement nous attirer dans son lit.

Quoi qu'il en soit, ceux qui nous font vibrer nous communiquent non verbalement et corporellement un langage qui reflète leurs états intérieurs. Ce langage qui bouleverse nos propres états affectifs nous ébranle profondément parce qu'il rappelle à notre mémoire affective, les expériences les plus significatives que nous avons connues de l'amour. C'est d'ailleurs pour cette raison que nous sommes touchés par ces personnes. Les autres ne nous atteignent pas parce que le langage subtil de leur corps reflète une expérience affective qui ne sollicite pas la nôtre. Voilà pourquoi nous sommes attirés par certains types de personnes et que les autres, malgré leurs grandes qualités, ne nous charment pas vraiment.

Cependant, quand un homme ou une femme provoque en nous un bouleversement intérieur au point de faire naître une passion intense, comment expliquer la puissance de nos désirs, la force de cette attraction qui défient la souveraineté habituelle de la raison ?

Pourquoi la passion des premiers jours est-elle si intense ?

La première étape d'une relation amoureuse rappelle à la mémoire inconsciente les moments affectifs les plus intenses de notre vie. Ces moments se sont produits lorsque nous étions dans le ventre de notre maman et les premières semaines après notre naissance. Au cours de cette période idyllique de notre existence, notre relation avec notre mère avait des particularités que nous n'avons jamais retrouvées avec qui que ce soit par la suite, excepté dans nos relations amoureuses. D'abord, presque tous nos rapports relationnels avec elle passaient par le corps. Notre relation était de nature principalement physique. Quand elle nous portait dans son ventre et, plus tard, quand elle nous touchait, nous caressait, nous prenait dans ses bras, nous offrait son sein que nous désirions ardemment, nous jouissions d'un bonheur intense. C'est par ce contact corporel qu'elle nous exprimait son amour et sa tendresse. Nous vivions avec elle des instants uniques de fusion qui nous faisaient frémir de plaisir et contribuaient à satisfaire notre si grand besoin d'amour.

Les premiers moments d'une rencontre amoureuse rappellent cette période d'intensité affective.

Les amoureux cherchent inconsciemment à retrouver les instants de fusion des corps et des cœurs qu'ils ont vécus, bébés, avec leur mère. C'est pourquoi leurs corps s'attirent comme des aimants.

C'est la raison principale pour laquelle ils sentent le besoin pressant d'être proches physiquement, la puissance affective des premiers jours s'étant exprimée par la rencontre des corps. C'est le moyen par excellence de satisfaire leur besoin insatiable d'être aimés. Ce moyen presque exclusif d'expression de l'amour conduit généralement à la déception précisément parce que les amoureux ne sont plus des bébés. Nous y reviendrons.

Nous pouvons faire d'autres liens entre les débuts de la relation amoureuse et les débuts de la vie. À ce moment de nos premiers jours, nous étions totalement dépendants de nos parents qui nous enveloppaient, nous protégeaient et prenaient en charge tous nos besoins qu'ils devinaient souvent sans que nous ayons à les exprimer. C'est pourquoi, lorsque nous tombons amoureux, nous recherchons cette fusion des premières heures. Nous souhaitons être enveloppés, protégés, devinés à nouveau. Nous avons d'ailleurs le sentiment de revivre ces moments de béatitude avec l'être aimé, ce sentiment que nos besoins seront pris en charge par lui et que cela va durer toujours.

Voilà ce qui explique l'intensité de la passion de la plupart des relations amoureuses à leur première étape. Malheureusement, cette étape ne dure pas. Certains en jouissent pendant six mois, d'autres, un peu plus, d'autres, beaucoup moins.

Pourquoi cette phase ne peut-elle pas durer?

Pourquoi la passion des débuts de relation amoureuse ne dure-t-elle pas toujours?

La passion des débuts de relation amoureuse ne dure pas à cause des nombreux déséquilibres qu'elle engendre.

1er – On y observe un déséquilibre au niveau des dimensions de la personne. Les dimensions sexuelle et émotionnelle prennent toute la place au détriment des dimensions intellectuelle, rationnelle et même spirituelle. Comme la nature recherche l'équilibre, il est impossible qu'une personne soit heureuse sur une longue période en privilégiant uniquement une ou deux des dimensions qui la constituent.

2e – Le déséquilibre se manifeste également au niveau de la répartition du temps, des énergies et de la pensée. La vie de la personne amoureuse est centrée presque exclusivement sur l'être aimé qui remplit son agenda et tout son être. Encore ici, certains domaines de sa vie en souffriront et, conséquemment, cette personne en souffrira elle-même à long terme.

3e – De plus, une autre forme de déséquilibre rend la vie des conjoints très inconfortable. Elle se situe dans le rapport entre l'autonomie et la dépendance. La trop grande fusion finit par étouffer et par faire naître un besoin urgent de liberté qui pousse les amoureux ou l'un d'entre eux à ressentir le besoin de retrouver son identité et son espace.

4e – En plus de ces nombreux déséquilibres, la passion de la première étape ne dure pas parce qu'elle est trop chargée d'illusions. Plusieurs croient que l'amour dans le couple doit toujours être aussi fusionnel, aussi passionné, aussi intense en émotions qu'il le fut à la première étape de leur relation. Ils croient que cette forme de passion durera éternellement sans quoi ils ne sont pas faits pour vivre ensemble. Conséquemment, ils s'accrochent à l'espoir irréaliste que leur vie amoureuse sera exempte de problèmes, de crises, d'obstacles et que la force de leur amour réussira à dissoudre toutes les difficultés et à anéantir définitivement leur souffrance. Cette croyance repose sur le fait qu'ils ont projeté sur l'autre leur idéal masculin ou féminin. Partant de cette vision déformée de l'être aimé, ils sont persuadés qu'ils ont enfin trouvé la personne qui répondra à tous leurs besoins et qui, même, les devinera. Cette suite d'illusions les amènera à penser que la relation amoureuse pourra les transformer eux-mêmes avantageusement et qu'ils deviendront bons, tolérants, doux, compréhensifs et guéris de leurs troubles intérieurs.

Les amants sont à la recherche inconsciente d'une sorte de nirvana comme plusieurs d'entre eux l'ont connu lorsqu'ils étaient portés par leur mère et au cours des premiers jours après leur naissance. Ce retour *ad uterum* ne peut attirer à long terme que de la déception puisqu'il est illusoire. En réalité, les amoureux ne sont plus des enfants. Ils sont devenus des adultes à part entière. Toutes leurs illusions par rapport à l'être aimé et même par rapport à eux-mêmes s'estompent. Toutes ces constatations contribuent à ternir leur bonheur et à mettre fin, d'une façon plus ou moins brutale, à la première étape de leur relation.

Mais si c'est pour s'acheminer vers un dénouement, pourquoi cette phase existe-t-elle ? Comporte-t-elle tout de même certains avantages ?

Les avantages de la première étape

Au cours de la première étape de leur relation amoureuse, la plupart des couples connaissent des expériences uniques d'intensité qui feront partie pour toujours de leur histoire d'amour. Ces expériences sont la preuve que la passion est inscrite dans leur vie relationnelle et qu'ils peuvent la retrouver autrement, tout au long de leur cheminement. Il suffit d'ailleurs de demander à de vieux couples de nous parler de leurs débuts de relation pour qu'ils s'illuminent, se jettent un regard complice, se prennent la main ou se remettent à vibrer avec une certaine intensité. Parfois, le rappel de ces bons moments du passé ressuscite le désir et fait renaître l'envie d'un rapprochement physique plus intense.

Je traversais récemment ma ville natale et passais devant ce qui avait été le presbytère de ma paroisse. Il avait été transformé en maison pour personnes âgées. Devant ce lieu se trouvait l'inscription suivante : L*a maison des jeunes d'autrefois*. Cette appellation m'a profondément touchée. Derrière ces corps fatigués, voire usés, se trouvaient des cœurs qui avaient probablement connu la passion, l'intensité amoureuse et la connaissaient peut-être encore. Cette expérience d'intensité, sans doute renouvelée pour un certain nombre d'entre eux, était inscrite dans leur corps et dans leur cœur et contribuait à faire d'eux des êtres qui avaient atteint l'accomplissement et la maturité parce qu'ils avaient vécu à fond chaque étape de leur histoire d'amour.

La première phase de la vie à deux a donc son importance. Tous les couples doivent savoir qu'il est normal de la vivre mais aussi qu'elle ne dure pas toujours. Pour connaître le vrai bonheur de la maturité, ils ne doivent pas oublier qu'ils auront d'abord à traverser une deuxième étape, celle du deuil et de la désillusion.

Étape du deuil et de la désillusion

Le mot passion vient du latin «passio» qui veut dire «souffrance». Il est très souvent associé aux supplices du Christ, au Chemin de la Croix, à une mort précédée de profondes douleurs. Est-ce parce qu'elle aboutit sur la souffrance du deuil et de la désillusion qu'on utilise le mot «passion» pour caractériser le début de la majorité des histoires d'amour? Quoi qu'il en soit, si l'étape de l'idéalisation conduit parfois vers le déchirement, l'affliction et le chagrin, elle n'en a pas moins été une période de grandes jouissances, d'exaltation, de plaisir, d'ivresse extraordinaire qui vaut la peine d'être pleinement vécue.

Aimer passionnément, c'est vivre intensément, c'est se sentir vivant, vibrant. Aimer passionnément, c'est laisser circuler en soi l'énergie de la vie, c'est mordre à l'instant présent, c'est nourrir une vitalité qui rend l'existence remplie de plénitude. Vivre intensément, c'est connaître les sommets de la joie et de la souffrance.

Celui qui se refuse l'accès à l'intensité se refuse aussi l'accès à l'expression authentique de lui-même et, conséquemment, à l'expression de la créativité.

Par peur de souffrir à court terme, de nombreuses personnes refoulent les émotions intenses qui rendraient leur vie exaltante. Elles préfèrent être raisonnables, rationaliser leur vécu et se construire une vie terne, monotone et triste. Elles payent ce choix par une existence remplie d'ennui et de résignation. En effet, elles ignorent que la tristesse et la joie sont des sœurs siamoises. Khalil GIBRAN, dans *Le Prophète*, nous le rappelle bien lorsqu'il dit : « Ensemble, elles viennent, et quand l'une vient s'asseoir seule avec vous à votre table, rappelez-vous que l'autre dort sur votre lit. »

Autrement dit, celui qui ne vit pas pleinement ses émotions pour ne pas connaître la souffrance se prive par le fait même des ressources de l'allégresse. Celui-là se coupe de sa dimension émotionnelle et donne à sa raison le pouvoir de contrôler ce qu'il vit et, conséquemment, de contrôler l'intensité émotionnelle des autres. Il en résulte un manque d'énergie vitale qui est la cause de nombreuses maladies, de fatigue, de dépression et de perte du goût de vivre. Il en résulte aussi que, par manque d'écoute et d'expression du « ressenti », ces personnes prennent leurs points de références en dehors d'elles-mêmes, sont dépendantes du regard des autres et se laissent guider par les événements et par leur entourage. Elles ont toujours peur d'être manipulées et leur peur est justifiée. Elles le sont la plupart du temps parce qu'elles s'amputent de leur dimension émotionnelle, ce qui leur enlève la possibilité de sentir de l'intérieur ce qui est bon pour elles et ce qui ne l'est pas. Elles se dirigent ainsi sur des chemins qui ne sont pas les leurs et souffrent de doute perpétuel, de méfiance et d'amertume.

Pour éviter de souffrir, de nombreuses personnes vivent à moitié et sont habitées par la présence constante d'un manque, d'un vide, d'une tristesse de fond qu'elles anesthésient au moyen de l'activisme. Elles en viennent à être étrangères à leur monde intérieur, à ne pas se connaître et, conséquemment, à ne pas s'aimer. Elles prennent leur valeur dans le «faire» plutôt que dans l'«être». Pour être reconnues, elles s'activent souvent sans limites et se retrouvent seules, abandonnées ou encore résignées à vivre des relations affectives sans relief.

Contrôler son monde émotionnel dans le but de fuir toute forme de souffrance, c'est se créer une vie sans intensité, sans passion, une vie où la souffrance du manque, de l'ennui et de la résignation est finalement beaucoup plus grande que celle qu'on a voulu éviter en s'empêchant de vivre intensément.

La passion des débuts de relation amoureuse est composée de ces polarités émotionnelles qui rendent les conjoints vivants. Ils y connaissent la jubilation de l'étape de l'illusion et de l'idéalisation pour rencontrer la souffrance de l'étape du deuil et de la désillusion qui est une phase transitoire entre deux mondes dont l'un est en grande partie de l'ordre de l'imaginaire et l'autre de la réalité.

Mais qu'est-ce qui caractérise cette seconde étape de la vie du couple et comment les amoureux peuvent-ils la traverser pour connaître le bonheur de la maturité de la vie amoureuse ?

Les caractéristiques de la deuxième étape

Jean-Louis est un homme calme, un peu bohème, qui prend la vie comme elle se présente et qui ne se pose pas trop de questions. Lorsqu'Élisabeth l'a connu, elle était ravie. Habituellement tendue, perfectionniste et très critique, elle pouvait bénéficier de la présence d'un homme paisible, serein qui ne la bousculait pas. Les premiers mois de leur relation furent régénérateurs pour cette femme si structurée au point qu'elle se donnait peu de liberté. Grâce à lui, elle devenait progressivement plus souple, plus tolérante, plus légère. Après quelques semaines de fréquentation, elle était convaincue que la présence de Jean-Louis dans sa vie l'avait complètement transformée. Elle était vraiment heureuse.

Malheureusement, ce bonheur nouveau ne dura pas. Quand ils ont emménagé dans le même appartement, Élisabeth connut de profondes frustrations. La nature détendue de son conjoint commença à l'agacer. Elle ne supportait pas qu'il laisse traîner ses vêtements, qu'il ne range pas la vaisselle, qu'il s'installe confortablement devant le poste de télévision alors que tout était en désordre autour de lui. Devant de tels comportements, elle devint agressive et culpabilisante et réagit par le contrôle et le pouvoir. Plus elle criait, plus il se montrait insouciant, ce qui la rendait folle de rage.

De son côté, Jean-Louis avait cru avoir rencontré la femme idéale qui le complétait bien. Il appréciait grandement ses qualités d'organisation, de discipline, de leadership. Il se sentait en sécurité avec une amoureuse si responsable. Il croyait sincèrement avoir enfin trouvé la femme parfaite pour lui. Quelle déception n'a-t-il pas éprouvée lorsqu'il découvrit qu'elle cherchait à diriger sa vie et à vouloir le changer !

Cette histoire n'est pas originale. Elle reflète celle de plusieurs couples qui, après la période d'idéalisation des premiers temps où chacun voyait son conjoint parfait, se sont heurtés au désappointement et au désenchantement. L'être aimé avait des défauts. Il ne devinait pas leurs besoins et il n'était pas en mesure d'y répondre autant qu'ils l'avaient espéré. Ce qui était le plus décevant, c'est que chacun réalisait qu'il n'était pas l'être idéal non plus et que les faiblesses et les problèmes personnels qu'il croyait disparus, grâce à la relation amoureuse, revenaient avec encore plus d'intensité qu'auparavant, ravivés par l'expérience souffrante du passé. La passion et le désir que les conjoints croyaient éternels leur faisaient souvent défaut et ils en étaient profondément bouleversés. De plus, eux qui se croyaient compatibles et capables de complicité furent confrontés au choc de la différence et au choc du réel. Ils étaient donc frustrés, tristes, remplis de doute, de ressentiment et d'amertume, déçus de leur amoureux, déçus de la relation et surtout déçus d'eux-mêmes.

Caractéristiques de la deuxième étape d'une vie de couple

- Le choc du réel s'impose.
- L'autre n'est pas parfait.
- Il ne répond pas toujours à nos besoins.
- Ses qualités apparentes deviennent des défauts.
- Nos propres défauts ressurgissent.
- Les problèmes reviennent.
- La passion n'est pas éternelle.
- Chacun est confronté au choc des différences.
- On est déçu, peiné, frustré.
- La tentation est forte de partir et de recommencer ailleurs.

Ce moment de désillusion où chacun doit faire le deuil de l'être idéal est difficile à traverser chez la plupart des couples. Un grand nombre, trop désappointés, choisissent de mettre fin à leur relation et de recommencer ailleurs avec une autre personne.

La deuxième étape du cheminement du couple est une phase cruciale. Comme elle place les conjoints devant leur propre réalité, plusieurs préfèrent fuir la relation pour échapper à la souffrance de ce moment inévitable de vérité. C'est le moment où, par exemple, Élisabeth réalise que Jean-Louis n'est pas du tout l'être idéal qu'elle avait imaginé. Il est effectivement calme, souple, tolérant et généreux mais il est aussi désordonné, insouciant et bohème. Élisabeth, pour sa part, n'est pas la femme parfaite que Jean-Louis croyait avoir enfin rencontrée. Bien que profondément sensible, déterminée, articulée et ordonnée, elle est aussi agressive et portée vers des comportements dominateurs quand elle est contrariée. Chacun d'eux est placé, à ce moment précis de sa relation, devant un choix important. Il peut se séparer et repartir indéfiniment à la recherche de l'homme idéal ou de la femme idéale et connaître ainsi d'autres désillusions. Il peut aussi choisir d'apprendre à vivre avec la réalité et de franchir cette étape avec l'être aimé pour avancer vers la maturité de la relation amoureuse. Mais comment les couples qui font ce dernier choix peuvent-ils traverser cette phase importante de leur cheminement relationnel sans se quitter ?

Comment passer de la phase de fusion à la phase du réel?

Élisabeth et Jean-Louis ont fait le choix de se quitter parce qu'ils n'ont pu supporter les accusations mutuelles qu'ils se proféraient. Il n'a pas su faire face à ses colères défensives. Elle n'a pas réussi à percer le mystère de la fermeture qu'il opposait à ses crises d'agressivité parce qu'elle cherchait trop à le provoquer. Au pouvoir des paroles violentes qu'elle prononçait pour le faire réagir, il résistait par une autre forme de pouvoir : celle du mutisme et de l'indifférence feinte.

Ils n'ont pu traverser ensemble cette étape éprouvante parce qu'ils sont restés tous les deux sur la défensive. Aucun d'eux n'a exprimé les émotions réelles qu'il ressentait parce qu'ils ne les ont pas écoutées et surtout parce qu'ils ne voulaient pas faire mal et avoir mal. En réalité, au lieu de se blesser mutuellement, ils auraient pu exprimer leur déception, leur frustration, leur tristesse, leur peur d'avoir fait une erreur, leur peur de l'avenir.

Se donner le droit d'être triste et déçu sans se complaire dans ces émotions, se donner le droit d'avoir peur et d'avoir de la peine et se donner le droit d'exprimer à l'autre ce vécu réel a pour avantage de réduire les réactions défensives suscitées par ces émotions non entendues et non exprimées. Cette attitude a aussi pour avantage de favoriser l'authenticité et de fonder la relation sur la vérité plutôt que sur la résistance et le mensonge. Même si le fait de dire sa déception risque de blesser, cette expression authentique de sa vérité profonde assoit la relation sur des fondements solides parce qu'elle l'établit sur des bases de sécurité, de confiance, de liberté d'être soi-même.

Habitués depuis le début de leur relation à se dire exclusivement le vécu agréable, les amoureux ont peur de détruire leur rêve de bonheur s'ils reconnaissent être habités par la déception par rapport à l'autre. Et pourtant, c'est l'accueil de ce vécu, accompagné de l'expression des besoins d'être aimé, accepté, écouté et valorisé, qui sert de première condition pour traverser ensemble cette période éprouvante.

L'expression des peurs, de la peine, des frustrations et des besoins a pour effet de rapprocher les amoureux et d'alimenter leur amour, à condition, bien sûr, que cette expression ne soit pas défensive. Souvent les mots reflètent fidèlement le vécu mais ils sont prononcés sur un ton de reproche et de rejet.

Si Élisabeth avait exprimé ses émotions de la façon suivante, peut-être aurait-elle réussi à ouvrir la porte du cœur que Jean-Louis gardait soigneusement fermée pour se protéger.

— J'ai peur de te blesser et j'ai peur aussi que tu te retires dans le silence mais j'ai tellement besoin de te parler, besoin d'être en relation avec toi, besoin de t'entendre. Je t'ai idéalisé comme j'ai idéalisé mon père jusqu'à ce qu'il abuse de moi. Quand j'ai découvert que tu n'étais pas cet homme idéal sans défaut que j'avais souhaité rencontrer dans mes rêves, j'ai été déçue, profondément déçue, et je t'ai rejeté. J'ai voulu te changer. Aujourd'hui, j'ai de la peine d'avoir perdu un rêve mais j'aimerais en bâtir un autre avec toi, plus près de la réalité.

Ce langage non défensif qui révèle les émotions justes et les vrais besoins a très souvent pour effet d'adoucir la souffrance et a pour avantage de favoriser la rencontre entre deux personnes réelles plutôt qu'entre deux êtres qui se veulent parfaits pour être heureux et rendre l'autre heureux.

Pour accéder à cette communication non défensive, les conjoints doivent d'abord être conscients que l'étape du deuil de l'être idéal et de la désillusion est une étape normale de l'évolution de la plupart des couples. Il y a donc de sérieux avantages pour chacun des amoureux à accepter que l'autre a ses forces et ses limites et qu'il est lui-même un être humain. L'expression authentique et non défensive du vécu et des besoins est une aide précieuse pour les couples qui veulent connaître l'accomplissement.

Tous les couples qui se créent forment le projet d'être heureux ensemble. Mais certains n'accèdent jamais au bonheur espéré parce qu'ils ne sont pas prêts à franchir ensemble les obstacles du parcours qui mènent à la réalisation de leur union. Ils fuient devant les difficultés et se séparent. Pour mieux franchir l'étape du deuil et de la désillusion, il est fondamental de s'accrocher à ce projet de départ qui est celui de construire son bonheur à deux.

Les couples heureux ont compris que c'est dans les moments difficiles que se solidifient les liens qui les unissent, à condition qu'ils se prennent la main pour les traverser ensemble. Ils réussissent ainsi à passer de l'enfance à la maturité de leur relation amoureuse.

En effet, si l'étape de la fusion et de l'idéalisation est considérée comme l'enfance du couple, celle du deuil et de la désillusion en est plutôt l'adolescence. On peut comparer le parcours du couple au parcours de l'homme. Au moment de l'enfance, l'être humain dépend de ses premiers éducateurs. Il est en fusion avec sa mère qui l'enveloppe, le protège, le prend en charge et s'occupe de ses besoins tant physiques que psychologiques. Il idéalise ses parents. Son père est extraordinaire. C'est le plus grand et le plus fort. Sa mère est merveilleuse aussi. Tout baigne dans la facilité pour un grand nombre de gamins jusqu'à la période de l'adolescence ou de la préadolescence. À ce moment-là, l'enfant voit davantage ses parents tels qu'ils sont. Il est souvent déçu parce qu'il les croyait parfaits. De plus, il se rend compte que la vie n'est pas toujours coulante parce que son père et sa mère ne prennent pas toujours en charge tous ses besoins. Il doit assumer ses erreurs, s'occuper de ses désirs, apprendre le sens des responsabilités. C'est le seul choix possible s'il veut atteindre la vie adulte de façon équilibrée.

Le couple connaît les mêmes étapes d'évolution que l'être humain. Tout comme l'adolescent, il est fondamental qu'il fasse le deuil de l'enfance et de ses illusions s'il veut accéder à l'âge adulte de la relation amoureuse.

Les conjoints ne sont plus des enfants. C'est là leur réalité. S'accrocher à l'étape de la fusion c'est comme s'accrocher à leur enfance et refuser de grandir, refuser d'évoluer. Le parcours du couple comme le parcours de l'homme est fait de morts et de renaissances. Il doit mourir à l'idéalisation pour naître aux opportunités qu'offre la réalité. Il doit décrocher du passé pour vivre la réalité du présent et se tourner vers l'avenir. Pour y arriver, il est important qu'il s'ouvre aux changements qu'impose toute forme d'évolution.

Beaucoup de gens n'arrivent jamais à se créer un présent et un avenir heureux parce qu'ils sont prisonniers de leur passé. Ils n'arrivent pas à se détacher de leurs anciennes amours même s'ils savent que ces amours ne leur sont plus accessibles. Si l'étape du deuil, pour être constructive, comprend une période de souffrance qui a besoin d'être vécue et exprimée, elle peut devenir destructrice si la personne qui souffre entretient un imaginaire qui la tire vers le passé et la maintient dans une sorte de « victimite » et d'apitoiement qui la privent de son pouvoir de se servir de sa peine pour évoluer.

> Carmen vivait seule depuis que Charles l'avait quittée. Après deux ans de séparation, elle s'informait encore de ses allées et venues auprès de Julia, leur amie commune. Comme elle n'arrivait pas à accepter le départ précipité de son amoureux, elle nourrissait l'espoir qu'il revienne combler son vide affectif. Cet espoir déçu la plongeait dans un désespoir profond qui lui enlevait le goût de vivre. Elle entretenait avec lui un lien imaginaire qui n'avait pas de réciprocité. Elle attendait qu'un miracle ramène Charles dans sa vie, ce qui, de toute évidence, était peu probable et ce qui, de plus, nourrissait sa peine, son angoisse et son ressentiment.
>
> L'attachement obstiné de Carmen pour une personne qui ne l'aimait plus et qui le lui avait exprimé clairement l'empêchait de faire le deuil nécessaire à son évolution. Au lieu d'accepter la réalité, elle était dépendante du passé révolu et d'un espoir chimérique, ce qui la rendait profondément malheureuse. Pour trouver sa liberté, elle se devait de faire le deuil de sa relation amoureuse avec Charles, de fermer les barrières derrière elle sans fuir, et d'aller de l'avant. C'est là, et là seulement qu'elle pourrait accéder à de nouveaux apprentissages, à de nouvelles découvertes, à de nouvelles amours.

Pour celui qui sait faire le deuil, l'expérience amoureuse passée devient une richesse qu'il porte en lui, qui le constitue et le rend plus fort, plus solide, plus profond. Cette expérience sert de sujet d'apprentissage et de croissance au lieu d'être une chaîne qui le tire en arrière.

Se libérer du passé ne signifie pas qu'il faille s'en dissocier. L'enfance sert de fondement à l'extraordinaire et unique histoire d'un être humain. C'est à partir de chaque étape de son évolution que l'homme se construit. Il est habité par son passé qu'il ne considère pas comme un poids à traîner ou comme une force qui le maintient petit mais comme une graine qui porte la vie et qui se transforme en fleurs et en fruits à condition que chaque jour elle soit nourrie et qu'il s'en occupe.

L'étape de la fusion et de l'idéalisation avec tout ce qu'elle comporte de passion, de désir, d'attraction et de rêve fait partie de l'histoire d'une relation amoureuse. Elle construit le couple tout comme l'enfance et l'adolescence construisent l'homme. Les conjoints composent leur cheminement à partir du départ de leur relation et progressent ainsi jusqu'à la maturité en gravissant toutes les marches. Ceux qui réussissent à faire le deuil du passé sans l'oublier connaissent des surprises extraordinaires et une nouvelle forme de passion beaucoup plus solide. Il suffit, pour y accéder, d'apprendre à vivre dans la réalité. Cet apprentissage consiste à trouver un bonheur durable à deux qui s'inscrit dans le quotidien. C'est là, la troisième étape de l'évolution de la relation de couple. Son importance est tellement significative et déterminante pour l'avenir de la relation amoureuse qu'elle fera à elle seule l'objet du prochain chapitre.

Chapitre 2

Le couple dans la réalité

La plupart des auteurs qui parlent de la réussite de la vie de couple de même que tous les couples heureux que j'ai rencontrés nous disent qu'il n'y a pas de véritable bonheur durable à deux en dehors de la réalité.

Étapes de la rencontre avec la réalité

« *L'alchimie de l'amour se fait dans le creuset de la réalité, nous dit Colette Victor dans* Le cœur d'un couple. *La pierre de touche du réel, des épreuves et du temps est ce qui confère à un couple sa valeur et sa capacité de résistance.* »[1] En effet, c'est la réalité qui forme le vrai bonheur du couple à condition que les amoureux acceptent certaines vérités qui reposent sur l'expérience de la majorité des couples heureux.

- Il n'y a pas d'amour véritable sans souffrance.
- Il y aura toujours des difficultés, des problèmes et même des périodes de crise dans une vie de couple réussie.
- Les conjoints ont à composer avec leurs différences respectives et à reconnaître leurs forces, leurs faiblesses et leurs limites.
- L'évolution d'un couple vers la maturité demande du temps.

1 Victor, Colette, *Le cœur d'un couple*, p. 43

Pour bien situer le couple dans sa réalité, je développerai, au cours de ce chapitre, chacune des affirmations précédentes.

Il n'y a pas d'amour véritable sans souffrance

Germain connaissait Lise depuis déjà un an lorsqu'arriva cet événement qui ébranla leur relation. Lors d'un souper intime qu'il partageait avec elle, elle lui confia avec beaucoup d'émotions qu'un accident grave l'avait privée de la possibilité de porter des enfants. Quand il entendit cette confidence, Germain cacha sa profonde déception mais n'en resta pas moins très chaviré. Devenir père, et surtout, vivre avec son épouse le processus de la grossesse était pour lui d'une importance prioritaire. Sa souffrance l'empêcha de s'ouvrir à d'autres possibilités de réaliser son rêve avec Lise.

Les jours qui suivirent, il prit une distance et ne répondit pas à ses appels. Il songeait même à la quitter lorsqu'un soir, elle frappa à sa porte. C'est alors qu'il put lui exprimer sa déception et lui parler de son rêve. L'expression authentique de son vécu lui enleva un poids et lui permit d'entendre la souffrance profonde de Lise. Pris par ses propres émotions qu'il avait refoulées, il n'avait pas écouté et accueilli la peine incommensurable de cette femme courageuse. Le fait de communiquer leurs vérités profondes les rapprocha et ranima leur sentiment amoureux. Ce soir-là, ils prirent la décision de traverser ensemble cette épreuve et de trouver des moyens de fonder leur famille.

Je compare souvent l'amour de la première étape de la vie amoureuse à un arbre sans racines. Il peut être d'apparence robuste. Son feuillage peut être luxuriant. Il n'en reste pas moins qu'à la moindre tempête, il est susceptible d'être emporté parce qu'il n'est pas enraciné dans la terre de l'amour véritable. Sa solidité n'est souvent qu'un mirage.

Par contre, l'amour qui se développe au cours de la troisième étape est comparable à un arbre qui a eu le temps de laisser pousser ses racines. Il est donc beaucoup plus résistant aux tempêtes.

Cependant, ce qui est paradoxal, c'est que les racines de la vie d'un couple se développent lorsque les amoureux traversent ensemble les obstacles de la relation.

La relation amoureuse se solidifie lorsque les conjoints choisissent d'affronter à deux leurs difficultés plutôt que de les fuir. C'est alors que l'arbre symbolique de leur amour s'enracine petit à petit ce qui rend le couple de plus en plus résistant aux vicissitudes de son parcours vers la maturité. Autrement dit, ce sont les épreuves affrontées ensemble qui contribuent à développer l'amour véritable, lequel mène le couple au bonheur durable.

Est-ce dire que la passion des débuts de la relation amoureuse n'est pas de l'amour?

Il y a deux sortes d'amour : l'amour-émotion et l'amour-sentiment. Les relations de couple à leur début se caractérisent par un amour à forte charge émotionnelle. Qu'est-ce à dire?

L'émotion est une réaction immédiate, spontanée et plus ou moins intense à un déclencheur extérieur ou imaginaire. Elle est d'ordre à la fois physiologique et psychologique. Agréable ou désagréable à vivre, elle a un effet sur la vie affective et sur le corps. Sa présence se manifeste parfois par l'accélération du pouls, par des tremblements, par la pâleur ou le rougissement de la peau, par des palpitations ou encore par des états psychiques tels que la peur, la peine, la joie, le bonheur. L'agitation causée par l'émotion est brève. En réalité, elle apparaît avec le déclencheur et disparaît avec lui.

Autrement dit, la présence de l'être aimé peut susciter des émotions fortes qui remplissent le corps et le psychisme au point que les amoureux se sentent parfois assaillis par un mélange de sensations et d'états affectifs qui envahissent tout leur être. Ces troubles se prolongent en l'absence de l'être cher s'ils sont entretenus par l'imaginaire. Cependant, il suffit qu'un autre déclencheur intervienne pour changer instantanément la nature du chaos émotionnel. Si, par exemple, l'amoureux, épris et envoûté par les charmes de la femme qui a bouleversé sa vie, apprend qu'elle n'est pas libre, sa charge émotionnelle se transformera sur-le-champ. Il peut éprouver de la méfiance alors qu'il ressentait de la confiance. Il peut vivre du ressentiment, alors qu'il était habité par de l'amour. Son imaginaire peut amplifier ou diminuer l'intensité de ses émotions. Et si, envahi par de la déception et de la peine, il reçoit un appel téléphonique de son fils qui lui annonce qu'il vient d'avoir une importante promotion, son monde émotionnel se transformera à nouveau. Il sera content et fier, et ce, jusqu'à ce que la pensée le ramène à d'autres vécus.

L'émotion est un phénomène instable qui varie en fonction des déclencheurs présents, réels ou imaginaires. Elle se caractérise par sa mouvance. Les amoureux ne choisissent pas d'être affectés ou non par elle. Elle les prend d'assaut. Leur seul pouvoir est de l'accueillir pour mieux l'identifier et pour mieux l'exprimer.

Cette charge émotionnelle suscitée par la personne aimée, aussi véritable et intense soit-elle, n'a pas de racines.

Elle fluctue d'une minute à l'autre et transporte les amoureux des sommets de l'extase aux gouffres du désespoir en passant par une gamme illimitée d'états intérieurs qui envahissent leur corps, leur cœur et tout leur être. Cependant, aussi fluctuant soit-il, l'univers émotionnel n'en est pas moins essentiel parce qu'il rend vivant. Se couper de ses émotions, c'est s'amputer d'une énergie nécessaire à l'épanouissement, c'est étouffer son potentiel créateur et c'est se priver d'une vie amoureuse dynamique et dense. Il est donc fondamental que les gens qui s'aiment accueillent ce flot d'émotions qui les habitent parce que sans elles, ils ne connaîtront jamais l'amour-sentiment.

Les couples heureux ont compris que l'écoute et l'expression de leur monde émotionnel sont indispensables pour connaître l'intimité mais que la recherche constante d'ivresse amoureuse sans approfondissement conduit presque toujours à la souffrance de l'échec relationnel.

En effet, certaines personnes cherchent à vivre en permanence les états émotionnels extrêmes que produisent sur elles les hommes ou les femmes qui les attirent. Elles ne sont pas préoccupées par le désir d'approfondir leur relation mais par la quête d'une exaltation qui les tient hors du réel.

Elles ne veulent pas enraciner leur relation mais la soustraire de la réalité pour qu'elle soit de l'ordre du fabuleux, du fantastique, du fictif. Ainsi, l'arbre symbolique de leur union n'est pas solide. Pour le rendre plus résistant, elles doivent développer une autre forme d'amour qui ne chasse pas l'amour-émotion mais qui l'englobe : l'amour-sentiment.

Le sentiment est un état affectif profond et durable qui s'installe progressivement dans le psychisme et qui perdure en l'absence des déclencheurs. Contrairement à l'émotion, il est durable. Il naît, entre autres, de l'affrontement des obstacles et il assure une sécurité à la relation de sorte qu'avec le temps, il n'est plus délogé par les problèmes, les difficultés, les crises relationnelles.

Quand les amoureux développent et cultivent le sentiment amoureux, leur amour a des racines. Il est donc assez solide pour faire face aux tempêtes de la vie. Même si des déclencheurs d'émotions désagréables surviennent, ils sont touchés, parfois blessés mais cela ne remet pas en question leur sentiment puisque ce dernier a été construit lentement et qu'il est devenu inébranlable.

L'amour-sentiment n'est pas donné comme l'amour-émotion. Il se construit. Il n'est pas confondu avec le désir comme l'amour-passion du début. L'amoureux qui a franchi les étapes qui mènent à l'amour-sentiment ne dira pas : « Je te désire, donc je t'aime » ou encore « Je ne te désire pas, donc je ne t'aime pas ». Il ne le dira pas parce qu'il sait qu'il existe des moments où il y a moins de désir dans la vie d'un couple et que c'est l'amour-sentiment qui permet de traverser ces périodes et de retrouver le désir. En réalité, chez les couples qui ont cultivé le sentiment amoureux, c'est l'amour-sentiment qui suscite le désir et non l'inverse.

Les couples heureux savent que le désir est comme une vague qui part et qui revient. Quand elle s'éloigne, l'amour véritable ne disparaît pas, bien au contraire, il s'approfondit. À ces moments-là, les conjoints qui s'aiment

vraiment en profitent pour travailler d'autres aspects de leur relation, particulièrement la communication, de sorte que lorsque la vague revient, elle prend son élan au fond du cœur et de l'âme plutôt qu'uniquement dans le corps.

C'est alors que la passion devient plus globale. Elle prend son intensité dans la profondeur des sentiments et non seulement dans la précarité des émotions. C'est pourquoi elle semble plus diffuse. Elle prend sa source dans ses racines plutôt que dans son feuillage. L'amour véritable n'existe pas sans souffrance. Il naît, je le répète, du choix des amoureux d'affronter ensemble les obstacles de la relation et de continuer à avancer malgré les problèmes, malgré les conflits, malgré les crises inévitables. C'est ce parcours fait de joie et de peine, d'émotions agréables et désagréables, d'intensité et de monotonie qui mène un couple vers son accomplissement.

Il n'y a pas de couple heureux sans conflits

Dans toute vie de couple, «*il y a un temps pour la soumission, un temps pour la révolte, un temps pour chercher des solutions au conflit avec l'autre, un temps pour l'affirmation parfois agressive et un temps pour commencer à s'épanouir dans l'amour.*»[2]

«*Beaucoup de crises inévitables et quasi prévisibles attendent les aventuriers du couple et cela n'est pas grave en soi car chacune de ces crises est porteuse d'une dynamique de changements, de stimulations vers un renouvellement de la créativité pour intégrer des découvertes.*»[3]

«*Croire que la réussite d'un mariage dépend de sa stabilité ou de l'absence de conflit est une pure utopie.*»[4]

2 Salomon, Paule, *Être à deux*, p. 36
3 Salomé, Jacques, *Une vie à se dire*, p. 218
4 Albisetti, V. *Mieux vivre en couple*, p. 44

Luc est profondément triste. Francine vient de lui reprocher avec agressivité son manque d'investissement, ses trop nombreuses absences, ses besoins non satisfaits. Il a écouté sans broncher. Jamais elle ne lui avait exprimé ses malaises auparavant. Il ne savait pas qu'elle avait accumulé tant de colère contre lui. Il n'a pas réagi. Non pas qu'il était insensible aux paroles de Francine, il en était au contraire fortement touché. Mais il s'est tu parce qu'il ne voulait surtout pas de conflits. Témoin impuissant des conflits déchirants de ses parents qui ont abouti sur une séparation bouleversante, il voulait à tout prix préserver son couple de ce climat infernal dans lequel il avait grandi. Il a donc tout refoulé et s'est retiré dans son bureau, le temps de laisser passer l'orage et de permettre au ressentiment de disparaître petit à petit.

Le fait de prendre une distance au moment des crises pour éviter de dire des paroles défensives qui dépasseraient notre pensée et notre vécu réel est souvent souhaitable à la condition que cette distance temporaire soit suivie d'une communication profonde et authentique. Combien de couples se défendent par le refoulement pour éviter de vivre la souffrance causée par les conflits ? Pour dissiper leurs malaises, ils préfèrent fuir ou encore positiver, banaliser, rationaliser leur vécu. Leur relation est marquée par un fossé de non-dits qui éloignent progressivement les conjoints l'un de l'autre parce que les refoulements accumulés tuent subrepticement la passion et l'amour, contribuent à cultiver le ressentiment et sont souvent la cause première de l'ennui et de la résignation.

Le refoulement des émotions conduit de nombreux couples à l'éclatement parce qu'à cause de lui les sentiments d'amour sont progressivement transformés en sentiments de haine, de ressentiment et finalement d'indifférence.

Dans d'autres cas, comme celui de Francine, le refoulement produit une pression intérieure telle qu'il suscite une décharge d'accusations, de culpabilisations qui blessent profondément l'être aimé, altèrent sa confiance et suscitent son éloignement.

Au cours des premières années de ma vie de couple, j'avais comme objectif d'avoir une relation calme et sans conflits. Je suis donc passée du refoulement de mon vécu désagréable à l'abréaction accusatrice, ce qui a conduit notre couple vers une crise importante. Seul notre désir commun de prendre les moyens de traverser ensemble nos problématiques nous a permis de poursuivre la relation et d'y trouver une façon plus constructive d'aborder nos conflits. Au lieu d'altérer l'amour, notre démarche a contribué à raviver nos sentiments l'un pour l'autre et à solidifier notre relation.

Le couple heureux ne contourne pas les problèmes, les conflits et les crises. Il ne les fuit pas non plus. Il a, au contraire, assez de courage et d'amour pour les aborder directement parce qu'un jour ou l'autre ils deviennent incontournables.

Pourquoi les conflits du couple sont-ils inévitables?

J'ai connu mon mari alors que j'étais encore jeune. Nous étions de la même paroisse. Tous les dimanches, je le voyais entrer dans l'église avec sa famille. Ils étaient souvent en retard. Venant d'une famille où la ponctualité était une valeur fondamentale avec un père qui se faisait un point d'honneur d'arriver aux offices à l'heure, j'étais toujours témoin de leur entrée tardive à la messe du dimanche. J'étais loin, à l'époque, de me douter que ce jeune retardataire deviendrait un jour l'homme de ma vie et encore plus loin d'imaginer que la ponctualité serait pour nous un sujet de conflits.

Je ne pouvais supporter l'idée d'être en retard. Dans ma famille, le retard était inacceptable et même puni. Quand mon père revenait de la ferme le dimanche matin et qu'il nous annonçait péremptoirement que nous partions pour la messe quinze minutes plus tard, il ne me venait même pas à l'idée de le contester. À l'heure prévue, j'étais assise dans la voiture avec le peigne dans une main et le manteau dans l'autre.

Par la suite, j'ai toujours exigé de moi-même d'être ponctuelle. Lorsque, pour une raison ou pour une autre, je ne pouvais l'être, j'étais immédiatement envahie par une angoisse insupportable que j'ai mis du temps à calmer. J'ai compris un jour qu'elle était faite d'une grande culpabilité et d'une peur viscérale d'être punie. Même si ces émotions n'avaient aucune résonance dans la réalité, elles ne m'envahissaient pas moins pour autant et n'en étaient pas moins une source sûre de conflits avec mon conjoint.

Cet exemple démontre bien que la cause principale des conflits de couple et ce qui les rend inévitables, ce n'est pas le conjoint; ce n'est pas, non plus, la relation amoureuse. En réalité, les conflits du couple reflètent nos propres conflits psychiques.

La vie amoureuse ne fait pas disparaître nos conflits intérieurs. Au contraire, elle les éveille et les met en évidence. C'est donc nos propres problèmes intérieurs, nés de nos expériences relationnelles passées, que la relation amoureuse fait resurgir. Cela signifie que, dans la plupart des cas, le changement de conjoint ne règle pas les conflits intrapsychiques puisque nous les transportons avec nous d'une relation à l'autre.

La nouvelle relation que nous croyions enfin bienheureuse déclenche en nous les mêmes conflits psychiques que la précédente ou touche d'autres noyaux non encore dénoués. Voilà pourquoi les conflits de couple sont inévitables. Mais certains peuvent se demander si vivre à deux n'est pas une sorte de masochisme puisque les amoureux sont presque assurés de rencontrer des difficultés relationnelles. Quels sont alors les avantages à s'engager dans une relation de couple ? À quoi servent les conflits sinon à faire souffrir ceux qui s'aiment ?

À quoi servent les conflits ?

Jocelyn est un homme intense, dynamique, vivant et impulsif. Lorsqu'il est touché agréablement, il manifeste ouvertement sa joie, sa satisfaction, son intérêt. Ces caractéristiques ont plu à Adrien qui avait grandi avec une mère terne, refoulée, voire profondément frustrée.

Pour ne pas lui ressembler, il avait d'ailleurs décidé, au moment de son adolescence, d'apprendre à s'exprimer ouvertement. Sa rencontre avec Jocelyn fut un moment inoubliable pour lui. Dès qu'ils se virent l'un l'autre, ils furent attirés si fortement qu'ils connurent des heures d'extase. Ils qualifiaient d'ailleurs tous les deux les premières semaines de leur relation de paradisiaques.

Cependant, cet Éden se transforma rapidement en cauchemar. L'expression spontanée du désir, du plaisir et de l'attraction aussi envoûtante fût-elle, connut une transformation subite lorsqu'ils furent confrontés à la réalité. À ce moment-là, ils furent aussi intenses dans la souffrance de la déception qu'ils l'avaient été dans leurs emportements amoureux. Mais cette intensité, si souhaitable soit-elle, rendit leur relation infernale parce qu'ils n'exprimaient pas leurs malaises directement. Ils s'en défendaient par le reproche, l'accusation, la culpabilisation, le jugement, la critique et le rejet. D'harmonieuse qu'elle était à ses débuts, leur relation devint très conflictuelle. Ils se blessaient profondément l'un l'autre et envenimaient ainsi les blessures relationnelles du passé plutôt que de les guérir. C'est pourquoi ils songeaient sérieusement à se quitter.

Dans le cas de Jocelyn et d'Adrien, les conflits ne servaient qu'à amplifier la souffrance et qu'à détruire leur amour. Leurs discordes ne pouvaient mener qu'à la séparation puisqu'ils s'enfonçaient tous les deux dans des comportements qui réanimaient constamment leurs blessures d'enfants.

Comme les discordes sont inévitables, il est essentiel que les amoureux sachent que leur relation n'en sera pas épargnée et qu'ils auraient avantage à se préparer à composer avec les émotions désagréables qu'elles suscitent. Ils seront ainsi plus en mesure de les aborder comme des moyens de construire leur amour plutôt que comme des ravageurs d'harmonie.

En réalité, le conflit peut servir à détruire comme il peut être source de croissance. Tout dépend de la façon avec laquelle il est abordé. Les couples qui choisissent de l'utiliser pour grandir en retirent des bénéfices énormes tant au niveau personnel que relationnel. À ceux-là, les dissensions procurent de nombreux avantages.

- Elles offrent l'opportunité de guérir les blessures du passé, comme le démontre si bien Harville Hendrix dans Le défi du couple.
- Elles procurent la possibilité de transformer les affects négatifs nés des expériences relationnelles dysfonctionnelles du passé en affects positifs, comme je l'expliquais précédemment, à condition d'apprendre à les aborder d'une façon différente de celle qu'adoptent généralement les personnes impliquées.
- Elles ont alors l'avantage indéniable de permettre aux amoureux de reconnaître leurs conflits psychiques personnels et de les travailler. En fait, pour ceux qui le veulent, les discordes favorisent le travail sur soi.
- Conséquemment, elles sont des facteurs de changement et d'évolution des personnes et du couple.

- Elles stimulent la vie amoureuse, la rendent vivante, dynamique et surtout créatrice parce qu'elles deviennent facteurs de remise en question, de renouvellement, de découverte et d'amour de soi.

Cependant, pour faire des conflits des moyens de favoriser l'approfondissement, l'attachement et la progression du couple, il importe de savoir comment les aborder.

Comment aborder les conflits?

Réal et Anita étaient très réticents à s'engager dans une relation amoureuse. Quand ils se sont connus, ils ont maîtrisé tous les deux l'élan qui les poussait l'un vers l'autre parce qu'ils ne voulaient pas reproduire le contexte déchirant dans lequel ils avaient grandi. Issus tous les deux de parents qui s'entre-déchiraient; ils avaient tellement souffert qu'ils freinaient leurs transports.

Malgré leur volonté et leur méfiance, ils n'ont pu contrôler l'amour qui fleurissait au fond de leur cœur. Ils acceptèrent donc de se fréquenter en freinant l'expression de leurs sentiments. Tout se déroula relativement bien au cours des premiers mois de leur vie amoureuse. Ils étaient d'ailleurs très prudents et cherchaient à contenir au maximum les comportements et les paroles qui auraient pu être sources de discorde entre eux. Cette attitude de contrôle d'eux-mêmes et de refoulement eut pour conséquence d'étouffer progressivement l'amour qu'ils ressentaient l'un pour l'autre et de rendre leur relation plutôt terne et triste. Devant cette situation, ils prirent conscience de leur fonctionnement et reconnurent qu'il provenait de leur peur viscérale du conflit. Ils étaient coincés, emprisonnés psychiquement et profondément malheureux. C'est alors qu'ils prirent la décision d'aller chercher de l'aide auprès d'un TRA, *Thérapeute en relation d'aide*MD.[5] Cette démarche leur permit d'apprendre à affronter ensemble les conflits plutôt que de les fuir.

5 Le Thérapeute en relation d'aide est un spécialiste de l'ANDCMD (Approche non directive créatriceMD) formé spécialement pour apprendre aux personnes qui ont des difficultés relationnelles à mieux communiquer, à résoudre leurs conflits et à rendre leur relation créatrice d'eux-mêmes, de l'autre et du monde.

Comment les couples comme Réal et Anita peuvent-ils aborder leurs conflits de façon créatrice ?

Il y a plusieurs moyens de faciliter l'approche des conflits dans les relations de couples. Les amoureux arrivent à aborder leurs disputes de façon créatrice lorsqu'ils réussissent à :

- accueillir et exprimer leur propre souffrance ;
- conscientiser leurs mécanismes de défense ;
- passer du registre défensif au registre émotionnel dans la communication ;
- prendre du recul quand c'est nécessaire ;
- reconnaître leur responsabilité mutuelle ;
- développer une vision créatrice du conflit.

Accueillir sa propre souffrance

Pour que les conflits deviennent sources de création, il est essentiel que les conjoints acceptent tous les deux de se remettre en question, ce qui suppose qu'ils accueillent leur propre souffrance.

Le monde émotionnel a son propre langage. Celui qui, pour ne pas souffrir, rationalise constamment ses émotions désagréables de peine, de peur, d'insécurité, de jalousie, de culpabilité, n'entend pas le langage de son cœur. Chercher à comprendre, à analyser, à justifier ou à expliquer une émotion que l'on vit, ici et maintenant, c'est se perdre sur des chemins qui ne mènent nulle part parce que le monde affectif a son propre langage et ce langage ne lui est accessible que s'il utilise sa tête pour écouter son cœur.

L'amoureux qui, au moment où il est touché émotivement, tente uniquement de comprendre

son trouble et de l'analyser, se défend de son vécu. Ainsi, il se sent confus. Il ne fait que brouiller les pistes et complexifier ses problèmes.

Dans le cas d'émotions ressenties, ici et maintenant, la raison ne doit jamais s'arroger des pouvoirs qui ne lui appartiennent pas. Elle doit se limiter à son rôle qui est de reconnaître l'émotion et de la nommer. Quand elle respecte son territoire, tout se simplifie comme par magie. En effet, l'émotion porte en elle ses propres messages qu'elle seule peut nous révéler. Il suffit de lui laisser sa place et d'utiliser la raison pour l'identifier afin de connaître ce qu'elle a à nous apprendre.

Pour être plus claire, je vais appuyer ces affirmations d'un exemple précis.

Chaque fois que Laurence recevait un appel téléphonique de sa mère, elle se sentait très mal à l'aise. Aussi, cherchait-elle à comprendre la source de son malaise. Les résultats de ses analyses la firent passer d'une hypothèse à une autre. D'abord, elle était convaincue que sa mère préférait son frère aîné parce qu'il était médecin et qu'il avait l'esprit scientifique valorisé dans la famille. Elle se mit donc à lui prouver qu'elle était aussi une femme intelligente. Ses efforts pour être reconnue ne lui valurent que de l'indifférence. Ses tentatives de compréhension de ses malaises la conduisirent sur une autre piste. Elle crut que sa mère ne l'aimait pas parce qu'elle ressemblait à son père.

Toutes ces analyses ne réglaient pas son problème. Elle était toujours souffrante en présence de cette femme si importante pour elle. Ce n'est que lorsqu'elle cessa de chercher à comprendre et qu'elle écouta son bouleversement intérieur qu'elle trouva les réponses les plus satisfaisantes. Ce fut un moment difficile à passer pour elle parce que, pour entendre les messages de ses malaises émotionnels, elle devait les accueillir plutôt que de les fuir dans le monde rationnel de la compréhension et de l'analyse. Il lui fallait rester en contact avec sa souffrance pour savoir ce qu'elle avait à lui apprendre. Pour ce faire, elle dût accepter de laisser vivre la peine qui l'envahissait et de laisser couler ses larmes et ses sanglots tout en restant consciente de ce qui se passait à l'intérieur d'elle-même sans fuir sa souffrance. En plaçant sa raison à l'écoute de ses émotions, elle put les identifier et elle put mettre les mots justes sur son vécu. Elle fit ainsi des découvertes remarquables. Elle apprit qu'elle avait un grand besoin d'être reconnue et aimée par sa mère et qu'au lieu de le lui dire, elle cherchait à l'impressionner ou à la culpabiliser. Cette attitude défensive créait une distance plutôt que le rapprochement souhaité.

Après avoir bien entendu le message de ses émotions, Laurence communiqua son vécu et ses besoins à sa mère sans verser dans la rationalisation et le reproche. Son approche respectueuse lui procura le cadeau de se sentir enfin aimée et reconnue pour ce qu'elle était. Des années d'analyse de ses malaises n'avaient pas réussi à régler les difficultés relationnelles de cette fille par rapport à sa mère. Il a par contre suffi de l'écoute du langage et du message de l'émotion pour créer un rapprochement significatif parce que cette écoute a contribué à lui fournir les informations les plus justes et à rendre la relation vraiment authentique. Grâce à elle, la communication de Laurence avec la femme qui lui avait donné la vie est passée du registre rationnel défensif qui coupe de l'émotion au registre affectif. Proche de son cœur, Laurence pouvait maintenant être proche du cœur de la mère qu'elle aimait.

Laisser vivre les émotions sans s'y complaire et solliciter les pouvoirs de la raison pour mettre des mots sur ce que nous ressentons nous conduit toujours vers des découvertes remarquables et satisfaisantes parce que ces découvertes sont justes, et fidèles à ce que nous sommes.

Les réactions défensives ne sont pas condamnables pour autant. Lorsqu'elles sont conscientisées et accueillies sans jugement, elles deviennent les meilleures portes d'entrée sur le vécu parce qu'elles cachent toujours des émotions et des besoins non entendus.

Ainsi, se remettre en question pour les partenaires amoureux qui sont impliqués dans un conflit relationnel, c'est revenir à eux-mêmes, accueillir leurs mécanismes de défense et s'en servir comme voie royale pour accéder au langage de leur cœur.

Accueillir ses mécanismes de défense

Ce qui a causé la destruction de la relation amoureuse de Réal et Anita, ce n'est pas le seul fait qu'ils se soient adressé mutuellement des reproches et des accusations mais plutôt le fait qu'aucun d'eux n'était conscient de ses fonctionnements défensifs. Ils étaient donc loin d'accueillir les émotions de peine, d'insécurité et de culpabilité qui provoquaient leurs paroles blessantes.

Voici un exemple de leur communication :

— Tu es belle, dit un soir René dans un élan de désir pour Anita.

— Tu rigoles? Mes seins sont beaucoup trop petits et tu as vu mes hanches? Elles sont tellement larges, je ne sais plus comment les cacher.

— Tu es obsédée par tes hanches. Tu ne parles que de ça. C'est agaçant. Fais-toi soigner, ça ne va pas.

— Et toi? Tu veux que je te parle de tes obsessions? Tu es obsédé par tes cheveux qui sont horribles, d'ailleurs.

— Tu exagères. Tu dis ça parce que tu n'acceptes pas que je te dise tes vérités.

Cet exemple reflète de nombreux conflits de couples qui naissent de ce qui nous semble être des détails. En réalité, toute la vie humaine est fondée sur ces petites choses qui, d'abord, blessent à notre insu et qui finissent par créer une douleur que le détail suivant pénètre vigoureusement. Il en est de même des petites choses qui guérissent, de ces regards reconnaissants, de ces mots qui gratifient, de ces gestes d'amour qui habillent le cœur. Lorsqu'ils sont répétés, ils atténuent progressivement la douleur du manque, du jugement et du rejet pour la remplacer par la confiance et le bonheur d'aimer et d'être aimé.

La vie est faite de détails. Malheureusement, les partenaires amoureux ont tendance à les banaliser. La souffrance subtile qu'ils font naître dans le psychisme prend alors de l'ampleur et finit par être insupportable.

René était sincère lorsqu'il a reconnu la beauté d'Anita. Comme chaque fois qu'il la complimentait sur son corps, elle réagissait tout de suite en parlant de ses hanches. En fait, elle ne l'accueillait pas dans l'expression de sa reconnaissance. Comment aurait-elle pu s'exprimer pour qu'il se sente accueilli ? Tout dépend du vécu du moment. L'accueil de l'autre doit toujours être authentique.

— J'aimerais tellement profiter pleinement de tes paroles René et me voir avec tes yeux. Tu es gentil avec moi et j'ai du mal à recevoir tes compliments. Si tu savais comme je souhaiterais aimer mon corps autant que tu l'aimes !

Cette réponse aurait probablement eu un effet différent sur leur communication. Se sentant reçu plutôt que rejeté, René ne l'aurait pas qualifiée d'obsédée, et cela n'aurait pas entraîné une suite de réactions défensives de part et d'autre. Cela dit, comme l'intervention des mécanismes de défense est un phénomène normal quand les émotions qui les suscitent sont inconfortables à vivre, nous ne pouvons condamner René et Anita. Un peu d'honnêteté nous forcerait d'admettre que ce genre de dialogue ressemble un peu à ce que nous connaissons. L'important est de le reconnaître, d'accepter nos réactions défensives et de savoir qu'il est possible d'arrêter l'escalade conflictuelle. Il y a au moins deux moyens de le faire quand les amoureux se rendent compte qu'ils sont engagés dans un conflit.

- Passer du registre défensif au registre émotionnel
- Prendre du recul

Passer du registre défensif au registre émotionnel

Pour arriver à arrêter l'escalade conflictuelle, il importe d'abord que l'un des deux conjoints prenne conscience de ses fonctionnements défensifs et qu'il soit à l'écoute de lui-même pour entrer en contact avec ses émotions. Le silence est le moyen le plus efficace dans de tels cas parce qu'il favorise l'intériorisation et l'identification de sa vérité profonde.

Ce silence ne doit pas être défensif mais créateur d'harmonie. Reprenons la dernière intervention d'Anita.

— Et toi ? dit-elle à René. Tu veux que je te parle de tes obsessions ? Tu es obsédé par tes cheveux qui sont horribles, d'ailleurs.

(Silence).

— Ça me fait de la peine ce que tu dis là. C'est vrai que je n'aime pas mes cheveux et j'ai peur de ne pas être aimé quand tu m'en parles comme tu le fais en ce moment.

— Ce n'est pas ce que j'ai voulu dire. J'étais en colère et...

Nous constatons par cet exemple que, cette fois, René ne s'est pas adressé à sa conjointe sur un registre défensif. Il l'a abordé sur un nouveau registre : celui des émotions.

Le seul fait de poursuivre le dialogue sur un nouveau registre, c'est-à-dire sur le registre émotionnel au lieu du registre défensif, a un effet contagieux qui amène très souvent l'être aimé au cœur de lui-même, ce qui rapproche les amoureux plutôt que d'élargir le fossé causé par le conflit. Il est donc très utile, dans les cas de dispute, de changer le registre de la communication et de passer du langage sur l'autre au langage sur soi pour se réconcilier rapidement.

Je reconnais qu'il n'est pas toujours possible de changer de registre lorsque les conjoints sont impliqués dans un conflit. Que faire alors? Il arrive en effet fréquemment que les paroles défensives de chacun des amoureux conduisent le couple dans un tourbillon duquel ils n'arrivent pas à sortir. Plus ils parlent, plus ils s'enfoncent dans la douleur. L'escalade conflictuelle atteint alors son apogée et laisse chacun des partenaires profondément meurtris. Ils ne peuvent plus s'acharner l'un contre l'autre dans l'espoir d'avoir raison ou de trouver une issue à leur querelle. Ils sont vaincus par l'impuissance et par l'épuisement. C'est la souffrance du constat d'incommunicabilité et du constat d'échec. Inutile d'ajouter d'autres accusations, elles se heurtent à des portes fermées. C'est alors qu'il est nécessaire de prendre du recul.

Prendre du recul

Dans les cas d'extrême souffrance où chacun se sent trahi, abandonné ou rejeté par l'autre, il arrive fréquemment que les conjoints comptent sur le temps et l'oubli pour les ramener l'un vers l'autre.

Je ne crois pas que le temps règle définitivement les conflits. Il calme la douleur temporairement mais elle n'en revient que plus intense quand les mêmes déclencheurs interviennent à nouveau.

Par contre, quand l'escalade conflictuelle ne mène qu'à la destruction, il est important que chacun prenne du recul.

Ce moment de distance est parfois essentiel. Mais il n'est bénéfique à long terme qu'à certaines conditions. Les conjoints doivent d'abord éviter d'entretenir la « victimite », cette forme de réaction défensive qui consiste à s'apitoyer, à entretenir un imaginaire qui les place dans la position de celui qui est attaqué injustement. Le recul est salutaire lorsque chacun tente d'identifier sa part de responsabilité dans le conflit sans prendre celle de l'autre. Sans ce travail sur eux-mêmes, les conflits risquent de se répéter et de s'aggraver.

L'une des plus grandes causes d'aggravation des conflits relationnels provient de ce comportement qui consiste à critiquer son partenaire amoureux auprès de ses amis, de ses collègues, de ses frères et sœurs ou de ses parents.

Étant blessé, chacun raconte les faits à son avantage et s'attire ainsi de la sympathie, ce qui a pour effet d'entretenir la « victimite » et d'encourager les mécanismes de blâme et de culpabilisation.

La distance que prennent les amoureux à la suite d'un conflit ne peut que les enfoncer davantage dans un puits de discordes si chacun cherche à s'adjoindre des personnes qui l'approuvent et le soutiennent contre son conjoint. Il est normal d'avoir besoin de parler pour voir clair en soi. Cependant, le choix des confidents devrait être réduit à ceux qui aident les amoureux à revenir à eux-mêmes plutôt qu'à ceux qui les plaignent.

Être plaint procure une satisfaction à court terme mais ne fournit pas les moyens d'aborder les conflits de manière créatrice surtout si les personnes à qui s'adressent les conjoints sont leurs parents. Ces derniers, profondément rejoints par la souffrance de leur enfant, ne peuvent que vouloir l'apaiser. Ils voient alors leur gendre ou leur bru un peu comme des monstres et leur attribuent la responsabilité de la douleur de leur fils ou de leur fille.

En fait, le temps de recul qui suit les conflits chez les couples devrait davantage être un temps de retour à soi, un temps d'identification des émotions et des besoins, un temps pour reconnaître sa part de responsabilité sans verser dans la culpabilité et le jugement négatif sur soi-même. Cette distance permet à chacun de discerner ce qui lui appartient de ce qui appartient à l'autre. Autrement dit, chaque amoureux doit reconnaître ses erreurs sans quoi, il retombera incessamment dans les mêmes pièges qui feront renaître les mêmes sources de conflits.

Lorsqu'un conjoint admet s'être trompé et qu'il reconnaît ses réactions défensives, il lève généralement le ressentiment chez l'autre et réanime le sentiment amoureux.

Reconnaître sa responsabilité

Quelle peut être la responsabilité d'un conjoint lors d'un conflit et comment peut-il la trouver ?

Il est impossible de découvrir sa responsabilité sans retour sur soi-même. En fait, chacun doit se demander : qu'est-ce qui part de moi dans le fait que nous nous sommes disputés ? Il ne s'agit pas de se culpabiliser, de se rendre fautif ou de se croire méchant mais plutôt de prendre les moyens de retrouver le pouvoir sur sa vie et de reprendre la communication sur un autre registre que le registre défensif.

Lors d'une conversation téléphonique entre Claudine et son mari, des malaises non écoutés et non conscientisés de part et d'autre ont suscité un échange qui a dégénéré en conflit. Ne reconnaissant pas le ton de voix dynamique habituel de Charles, Claudine ressentit de l'inquiétude et lui dit :

— Ça ne va pas ? Qu'est-ce qu'il y a ?

— Je préfère ne pas en parler.

(Silence)

— Et toi, comment vas-tu ? Ça se passe bien ton nouveau cours ?

— Oui, répondit-elle froidement.

— Tu as beaucoup de travail ?

— Oui.

— Tu aimes ce que tu fais au moins ?

— Oui mais je vais te passer ton fils. Il veut te parler.

Le ton de voix a souvent un impact très fort dans la communication, spécialement au téléphone puisque tout passe par le canal de l'audition. Déclenchée émotivement par la voix monocorde et faible de son mari, Claudine lui posa une question plutôt que d'exprimer son vécu. Elle interpréta son refus de lui parler comme du rejet et un manque de confiance en elle. Mais elle n'en était pas consciente ; aussi s'est-elle fermée aux questions de Charles pour fuir son malaise en passant le récepteur à son fils.

Cependant, à la suite de cet événement, Charles se sentait aussi très malheureux. Il dit donc à son garçon qu'il voulait parler à sa mère de nouveau. Contrairement à Claudine, il ne voulait pas fuir le problème mais y faire face. Lorsqu'elle reprit le récepteur, il lui fit des reproches.

— Tu veux me punir et me culpabiliser, dit-il. Tu ne respectes pas ma liberté et tu veux m'obliger à parler à tout prix.

Cette accusation suscita d'autres réactions défensives chez Claudine qui se mit à s'expliquer et à se justifier plutôt que d'exprimer sa peine et son impuissance. De plus en plus embourbée dans la rationalisation, elle prit conscience qu'elle se défendait. C'est alors qu'elle se tut, l'écouta et surtout prit le temps d'entendre son propre vécu. À la suite de ce moment de silence, elle changea le registre de ses paroles. Au lieu de se défendre, elle exprima ses émotions.

> — Je suis désolée de t'avoir blessé Charles. Ce n'était pas mon intention. Quand j'ai entendu ta voix, j'ai vécu de l'inquiétude et plutôt que de te l'exprimer, je t'ai questionné. Ton refus de parler a doublé mon inquiétude en plus de me faire vivre un sentiment de rejet et une peur que tu ne me fasses pas confiance. J'ai été défensive avec toi. Ça me fait terriblement mal quand je me sens loin de toi.
>
> — Moi aussi, j'ai été défensif, Claudine. C'est moi qui ai voulu te punir parce que tu ne m'as pas téléphoné hier soir. Et je t'ai culpabilisée par mes reproches parce que je me sentais coupable d'avoir refusé de te dire ce qui n'allait pas. Pardonne-moi.

Cet exemple nous montre ce qui se produit dans une relation amoureuse quand chacun reconnaît sa responsabilité. Généralement, un rapprochement s'effectue. Ainsi, au lieu de chercher l'erreur de l'autre ou la faute de l'autre et de l'agresser par des reproches, de le culpabiliser ou de le fuir, chacun s'ouvre à l'écoute de ses émotions et de ses besoins et prend conscience de ses propres mécanismes défensifs. De cette manière, comme le dit si bien Jacques Salomé, au lieu de parler de l'autre, chacun parle de lui-même. Au lieu de travailler sur l'autre, chacun travaille sur lui-même.

Dans ma relation de couple, j'ai dépensé beaucoup d'énergie à chercher et pointer les erreurs de mon mari, à vouloir lui prouver qu'il avait tort et qu'il était responsable de nos disputes répétées. Comme il faisait de même, nous avons contribué ainsi à alimenter nos conflits et à rendre notre relation infernale. Je voulais qu'il change et il ne me venait pas à l'esprit l'idée de changer moi-même. Plutôt que de prendre du pouvoir sur ma vie, j'en prenais sur la sienne. Quand, épuisée sous le poids de la souffrance, j'ai décidé de consulter un thérapeute, des transformations significatives s'opérèrent en moi, ce qui eut une influence importante sur ma relation de couple. Mais pour réaliser ce cheminement, j'ai dû passer par l'accueil de moi-même.

Il n'y a pas d'autre moyen d'accéder à la responsabilité que l'acceptation de soi. Plus les conjoints acceptent leurs mécanismes de défense, leurs besoins et leurs émotions, plus ils sont en mesure de saisir ce qui, dans leurs comportements, suscite ou entretient leurs conflits. Paradoxalement, c'est par leur relation qu'ils apprendront à se connaître et à s'accepter, à condition qu'ils reviennent au cœur d'eux-mêmes quand ils sont impliqués dans une discorde.

L'acceptation est la seule clé qui ouvre la porte de la responsabilité. Sans elle, la honte d'être sensible, agressif, jaloux, la honte de se sentir coupable, rejeté, peiné, impuissant, la honte d'avoir peur et d'avoir besoin d'amour, de reconnaissance et de sécurité, la honte de se défendre de leurs souffrances par la culpabilisation, le reproche, la rationalisation, la fuite, pousse les conjoints à nier la vérité, ce qui rend leur communication impossible et déclenche des malaises encore plus insupportables.

Même s'il est évident que chacun a sa part de responsabilité dans les conflits d'un couple, il est essentiel, pour établir la relation, que chaque conjoint ne s'occupe que de sa propre part et qu'il laisse à l'autre le pouvoir sur sa vie. En fait, le secret de la résolution des problèmes relationnels des couples se trouve dans le choix fondamental de se changer soi-même plutôt que de tenter désespérément de changer l'autre.

Le prix à payer est énorme quand un conjoint réussit par le moyen du pouvoir, du reproche et de la critique, à changer son partenaire amoureux. Il sème dans le cœur de ce dernier la peur qui, petit à petit, prend la place de l'amour et il fait de l'être aimé un personnage qu'il finit par ne plus aimer lui-même parce qu'il n'est pas authentique.

De toute façon, nous dit Susan Page, quand le partenaire essaie de changer l'autre, le conflit qui en résulte ne naît pas du fait que ce dernier refuse de changer. Il est plutôt causé par le manque d'acceptation du conjoint qui n'accueille pas l'autre tel qu'il est.[6] Elle ajoute que lorsque deux personnes s'acceptent l'une l'autre, cela ne veut pas dire qu'elles ne changent pas. Au contraire, le climat d'acceptation dans leur relation crée un sentiment de sécurité et de non-jugement qui favorise le changement.

Mais d'où vient cette pulsion souvent inconsciente qui pousse chacun des conjoints à vouloir que l'autre soit différent de ce qu'il est ?

Il faut bien reconnaître que l'irresponsabilité naît du refus inconscient de souffrir. Combien d'amoureux cherchent à réduire la douleur du manque, la douleur de la peur, de la culpabilité, de la jalousie, en contrôlant le vécu, les besoins et les réactions de leur conjoint ? Ce comportement défensif a pour conséquence d'enlever à chacun sa liberté d'être entièrement lui-même et d'entretenir une souffrance beaucoup plus grande que celle qu'ils veulent éviter.

6 Page, Susan, *The 8 Essential Traits of Couples Who Thrives*, p. 35

L'irresponsabilité prend de multiples formes dans la relation amoureuse. Aussi, pour la trouver, chacun des conjoints aurait avantage à se poser les questions suivantes, à la suite d'un conflit.

- Ai-je été défensif ?
- Comment me suis-je défendu ?
- Ai-je accusé, reproché, culpabilisé ?
- Ai-je ménagé ou pris en charge ?
- Ai-je été victime et versé dans la plainte ?
- L'ai-je vraiment écouté jusqu'au bout sans l'interrompre ?
- Lui ai-je exprimé clairement mon besoin d'être aimé, reconnu ou sécurisé ?
- Lui ai-je fait des demandes précises plutôt que de rester dans l'attente ?
- Me suis-je justifié ?
- Ai-je rationalisé et expliqué ?
- Me suis-je comparé en m'infériorisant ou en me supériorisant ?
- Ai-je rejeté ou méprisé ?
- Ai-je feint l'indifférence ?
- L'ai-je jugé, critiqué, interprété ?
- Suis-je ouvert à voir les forces, les qualités et les talents de mon conjoint ou ai-je tendance à mettre mon attention uniquement sur ses faiblesses, ses manques et ses défauts ?
- Suis-je reconnaissant et ouvert à le remercier pour ce qu'il est et ce qu'il fait ?

- Est-ce que j'entretiens des non-dits dans ma relation avec l'être aimé ?
- Ai-je tendance à lui octroyer la responsabilité de mon bonheur plutôt que de la prendre moi-même ?
- M'arrive-t-il de le critiquer en son absence ?
- Est-ce que je m'occupe de vérifier auprès de lui quand j'ai des doutes plutôt que d'entretenir un imaginaire destructeur ?
- Ai-je reconnu mes erreurs ou les ai-je niées ?

Un tel questionnement au moment des conflits a pour avantage de ramener les conjoints au cœur d'eux-mêmes et de faciliter la réconciliation. Certaines personnes, toutefois, qui souffrent d'irresponsabilité chronique comme, par exemple, les pervers narcissiques, n'arrivent pas à faire cet exercice. Avec eux, il est extrêmement difficile de communiquer. Pour les autres, une réponse authentique à ces questions a aussi pour avantage de donner aux amoureux un outil de renouvellement et de rapprochement à condition, bien sûr, qu'ils prennent la décision de traverser leurs périodes difficiles ensemble. Autrement, ils ne connaîtront jamais les bénéfices d'une telle approche de leurs problèmes relationnels.

Développer une vision créatrice du conflit

Il est fondamental que les conjoints développent une vision créatrice du conflit, c'est-à-dire qu'ils le vivent comme une opportunité de se connaître mieux, de s'accepter davantage, de guérir les blessures du passé, d'apprendre à vivre ensemble et de se rapprocher l'un de l'autre au niveau le plus profond qui soit. Ceux qui perçoivent le conflit comme un signe que leur union est désastreuse et qui en concluent rapidement qu'ils n'ont pas choisi le bon conjoint, qu'ils ne sont pas faits pour vivre ensemble et que tout est foutu, ne feront pas l'effort de l'affronter et, conséquemment, ne connaîtront pas le bonheur de tendre leur vie amoureuse vers sa maturité. Ils s'éloigneront au lieu de se rapprocher et chercheront toute leur vie le couple idéal sans se rendre compte qu'en cette matière, il n'y a d'idéal que ce qui reste ancré dans le réel. Si la réalité nous prouve qu'il n'y a pas de couples heureux sans problèmes, sans conflits, sans crises, elle nous apprend aussi qu'il n'y a pas non plus de couples heureux sans respect des différences de chacun.

Il n'y a pas de couples heureux sans acceptation des différences

Il est absolument impossible d'être heureux en couple si chacun n'accepte pas vraiment la différence de l'autre. De nombreux spécialistes qui ont écrit sur le couple dont Susan PAGE, V. ALBISETTI, Paule SALOMON, Arnaud DESJARDINS, Jacques SALOMÉ, sont unanimes à ce sujet. «*Pour une relation durable,* nous dit Arnaud Desjardins, *la nécessité est d'admettre que l'autre est vraiment un autre. Que nous sommes deux. Que nous sommes différents. (...) Il faut admettre que l'autre n'est pas un alter ego. On ne saurait donc lui demander de vouloir tout ce que je veux, d'aimer tout ce que j'aime, de critiquer tout ce que je critique et qu'il soit en face de moi comme si je me regardais dans un miroir. (...) La souffrance de ne pas se sentir compris vient tout simplement du fait que nous tentons de nier cette différence entre l'autre et soi. (...) La véritable relation n'est possible que sur la base très claire de l'incontournable réalité de la différence.*»[7] «*Savoir accepter la différence, ajoute* Albisetti, *est synonyme de force, de respect et surtout d'intelligence c'est-à-dire, d'ouverture*

7 DESJARDINS, Arnaud, *Être à deux*, p. 149

d'esprit face aux nouvelles expériences, aux nouveaux modèles, aux nouvelles valeurs, à la vie. »[8]

La justesse de ces propos ne facilite pas pour autant l'acceptation des différences dans les relations de couple. En effet, l'accueil de l'autre tel qu'il est ne s'atteint pas par une démarche d'ordre uniquement théorique ou rationnel. Il ne suffit pas de prendre conscience des ravages du manque d'acceptation des différences dans les relations de couple pour accueillir l'autre tel qu'il est dans la réalité de tous les jours. Il ne suffit pas de dire aux amoureux : « *Acceptez-vous l'un l'autre et vous serez heureux* » pour qu'ils y arrivent facilement et pour que leur qualité d'accueil soit réelle et profondément intégrée. Il est essentiel que chacun sache sur quoi portent les différences des conjoints, qu'il sache aussi ce qu'implique l'acceptation authentique des particularités individuelles et qu'il sache enfin comment conjuguer sa différence avec celle de l'autre de façon à rendre la relation harmonieuse.

Sur quoi portent les différences des conjoints

Vivre en couple, c'est travailler à créer une relation heureuse sans nier les différences d'émotions, de complexes, de besoins, de mécanismes défensifs, de limites, de goûts, d'intérêts et d'opinions de chacun des conjoints.

Différences d'émotions

Les émotions que chacun des amoureux ressent devant le même déclencheur extérieur ne sont jamais exactement les mêmes. Il est faux de croire qu'un conjoint peut vivre les mêmes émotions que l'autre dans l'ici et maintenant de leur relation. Le désir des amoureux de fusionner leurs mondes émotionnels pour se sentir proches l'un de l'autre

8 Albisetti, V. *Mieux vivre en couple*, p. 43

et en sécurité prend son origine dans la relation fusionnelle de la mère et de l'enfant. Mais ce désir inconscient de se fondre dans l'autre ne conduit qu'à la déception et qu'à la souffrance parce qu'il nie l'identité personnelle de chacun. En effet, la vie émotionnelle n'est ni statique ni détachée de l'histoire affective des amoureux. Aussi, lorsqu'un événement les touche émotivement, ils sont toujours affectés différemment. Il est impossible qu'il en soit autrement. Le sentiment de vivre la même chose que l'autre est une illusion qui résulte surtout du besoin légitime d'être relié à ceux qu'on aime.

Trop souvent, pour répondre à son besoin d'union, la personne qui aime se perd dans le vécu de l'autre et ne distingue plus ses propres émotions qui sont forcément différentes en nature ou en intensité. En conséquence, elle n'est pas reliée mais fondue.

Dans mon travail d'intervention auprès des couples, j'ai souvent été confrontée à ce désir de fusion qui annihile les différences individuelles au niveau du vécu. L'exemple de Marie-Jeanne et de Philippe le démontre bien. Ils avaient le projet commun d'ouvrir une épicerie d'alimentation biologique. Ils se disaient tous les deux très enthousiastes devant ce projet et très heureux de le mettre en action. « C'est la première fois que nous vivons la même chose par rapport à une nouvelle expérience », me dit Marie-Jeanne.

— Tu vis quoi exactement ? lui demandai-je.

— Je me sens vivante, pleine d'énergie et surtout très motivée à travailler avec Philippe. L'idée d'être ensemble tous les jours me comble de bonheur parce que j'ai beaucoup souffert de ses absences prolongées à cause de son travail.

— Et toi, Philippe, comment vis-tu ce nouveau projet ?

— Je suis très heureux de travailler à mon compte, de ne plus avoir d'employeurs et d'avoir enfin mon propre commerce. C'est là

> ma plus grande motivation à ouvrir ce magasin. Cependant, le fait d'être en présence de Marie-Jeanne jour et nuit me fait peur et freine un peu mon enthousiasme. J'ai peur de ne plus l'aimer. J'ai aussi peur de ne plus être en harmonie avec elle.

Cet exemple nous montre que l'enthousiasme de Marie-Jeanne était bien différent de celui de Philippe, et ce, parce qu'ils n'avaient pas les mêmes besoins et surtout pas la même histoire de vie. Philippe avait grandi dans une famille de cultivateurs. Ses parents travaillaient tous les deux à la ferme et ne se parlaient que pour se disputer. Il avait toujours eu le sentiment qu'ils ne s'aimaient pas et il en avait beaucoup souffert. C'est pourquoi il avait choisi un travail qui lui permettait d'être loin de son épouse. Il était convaincu que c'était la raison pour laquelle il était toujours amoureux d'elle. Il avait toujours hâte de la revoir et de partager de bons moments avec elle. Chaque fois, c'était comme une fête. Mais le désir d'indépendance sur le plan professionnel, le désir de bâtir quelque chose de nouveau le stimulaient énormément.

L'expérience passée de cet homme influençait son vécu présent. Il enviait la confiance de Marie-Jeanne devant leur projet. Elle était convaincue qu'elle l'aimerait davantage puisqu'ils auraient la chance de partager un travail commun et la chance de communiquer plus souvent. Née elle aussi de parents cultivateurs, elle avait bénéficié d'un climat d'amour, de complicité et d'encouragement qui était le parfait reflet de la relation que ses parents entretenaient entre eux. Elle n'avait donc pas vécu la souffrance de son mari. Aussi, devant le même déclencheur qui était le projet d'ouvrir un magasin d'aliments naturels, elle n'était pas habitée par la peur en ce qui concernait sa relation de couple mais par la joie.

Le fait de bien distinguer leurs émotions respectives et différentes a beaucoup éclairé ce couple. Elle leur a permis de ne pas s'engager aveuglément dans leur nouveau projet mais de se préparer à l'aborder en tenant compte des peurs et des besoins de chacun.

Il est donc important, à mon avis, que les conjoints identifient et nomment leurs émotions dans la relation amoureuse, surtout quand ils ont le sentiment illusoire d'avoir le même vécu. La découverte des nuances émotionnelles de chacun place le couple devant la réalité et l'empêche d'entretenir des illusions qui, à long terme, deviennent sources de discordes.

En réalité, il n'y a rien de plus personnel et de plus intime que la vie émotionnelle. L'annihiler, la réduire en intensité, la banaliser, la fuir, la rationaliser ou la fondre à celle de l'autre pour se rapprocher de lui et ne pas faire face au choc de sa différence, c'est s'éloigner de soi-même et se départir petit à petit de la satisfaction d'un besoin fondamental, voire vital dans la relation de couple, le besoin de liberté. Être fidèle à soi-même, c'est accueillir la mouvance, la subtilité et la spécificité du langage de ses émotions et l'exprimer authentiquement à l'autre. C'est cette fidélité de chacun à son propre vécu qui donne au couple cette richesse et ce bonheur de conjuguer les différences plutôt que de les niveler.

Cette approche respectueuse du monde émotionnel de chacun est encore plus efficace dans le cas des zones de sensibilité psychique.

Différences des zones de sensibilité psychique

Dans la relation amoureuse, chaque conjoint est habité par des zones de sensibilité psychique qui le rend très vulnérable devant certains gestes, certaines paroles ou certaines situations déclenchées par l'autre. Ces zones ont été formées à la suite d'expériences relationnelles douloureuses du passé. Elles sont très fortement stimulées dans la relation de couple lorsqu'un déclencheur extérieur présent rappelle à la mémoire inconsciente les expériences souffrantes vécues au cours de l'enfance et de l'adolescence.

L'enfant qui a été rabaissé et comparé défavorablement à plusieurs reprises par ses parents et qui en a profondément souffert risque de développer un sentiment d'infériorité qui le rendra extrêmement vulnérable à toute forme de comparaison plus ou moins dévalorisante de la part de son conjoint.

De même, l'enfant abandonné ou constamment rejeté par ses éducateurs risque de vivre souvent un sentiment d'abandon intense qui le rendra très malheureux devant le moindre signe d'inattention à son égard. Il interprétera ce signe comme un rejet ou une menace de perte affective. Dans sa relation amoureuse, il sera alors très sensible aux manques d'attention, aux retards, aux silences, à la fermeture. Sa souffrance dépassera largement en intensité la force du déclencheur.

Si, par exemple, son conjoint oublie son anniversaire, ce sera dramatique. La douleur psychique deviendra alors intolérable parce qu'elle fera remonter tous les manques affectifs du passé. Dans un tel cas, l'amoureux n'est pas responsable de toute la souffrance qu'il suscite. Il est toutefois concerné puisqu'il en est le déclencheur. Au lieu de juger la réaction intense de l'être aimé, il serait important qu'il l'accueille.

Que dire de celui qui se sent toujours coupable? Il a développé une zone de sensibilité intense qui sera stimulée par le jugement, la critique, l'accusation dans sa relation de couple. Habité par un juge intérieur, il grossira l'effet que produisent sur son psychisme les reproches de son conjoint. Il se sentira très facilement culpabilisé, qu'il soit réellement coupable ou qu'il ne le soit pas. Le moindre regard désapprobateur ou le moindre blâme éveilleront une douleur parfois insupportable de laquelle il cherchera à se défendre.

Chaque zone de sensibilité psychique porte sa charge de souffrance passée qui est réanimée par le présent dans les relations de couples. Chaque amoureux a ses propres zones sensibles. L'un peut être bouleversé par un oubli alors que l'autre vivra le même oubli comme un simple désagrément.

Quand deux êtres tombent amoureux, ils sont tellement comblés par les émotions agréables qui les habitent qu'ils croient être «guéris» de leurs zones de sensibilité profonde. Ce n'est que lorsque l'être aimé n'est plus idéalisé que renaissent les souffrances passées. Malheureusement ces souffrances sont souvent décuplées par le fait que chacun se sent incompris par l'autre. En effet, comme les zones de sensibilité psychique sont généralement différentes d'un conjoint à l'autre ou qu'elles renferment des émotions différentes et particulières à chacun des amoureux, il est fréquent que l'un des partenaires rejette l'autre, le critique ou le juge lorsqu'il réagit dramatiquement à un déclencheur qui semble plutôt banal, vu de l'extérieur.

En fait, celui qui n'est pas habité par une sensibilité au rejet et à l'abandon comprendra mal les sanglots de son conjoint devant un simple retard. Il aura même tendance à le rejeter et à lui faire des reproches plutôt qu'à entendre son vécu. Il amplifiera ainsi le sentiment de rejet. Par contre, celui-là même qui rejette violemment la souffrance de l'autre n'est peut-être pas conscient qu'il est lui-même habité par une autre zone de sensibilité profonde. Il peut réagir agressivement au moindre déclencheur de culpabilité. Dans ce cas, sa réaction peut être en apparence aussi exagérée quand il se sent coupable que celle de son conjoint quand il se sent abandonné.

Un grand nombre d'amoureux ne sont pas conscients que leur douleur psychique est intensifiée par le manque d'acceptation des différences. C'est pourquoi ils se sentent si souvent incompris.

Ce sentiment d'incompréhension est généralement juste. Chaque conjoint ne saisit pas toujours de l'intérieur ce qui se passe pour l'être aimé parce qu'il n'a pas vécu les mêmes expériences relationnelles que lui dans le passé. C'est pourquoi il est essentiel d'avoir une ouverture à l'acceptation des différences pour que les amoureux arrivent à se rencontrer et à communiquer. Cette ouverture commence par l'acceptation de leurs propres zones vulnérables et de l'intensité émotionnelle qui en résulte. C'est de cette manière qu'ils arriveront à comprendre ce qui se passe en eux et à être tolérants et bons envers eux-mêmes. L'accueil chaleureux de leur nature profonde pourra les conduire vers un accueil aussi tendre de la souffrance de l'autre.

Je crois que dans une relation de couple, chacun a avantage à prendre soin de ses propres zones de sensibilité et à faire de même avec les zones de souffrance de l'autre. Seul cet accueil permet à l'amoureux d'avoir le sentiment d'être compris et aimé tel qu'il est. Conséquemment, il a pour effet de réduire la souffrance, de favoriser la libération des émotions refoulées dans le passé et, à la longue, de cicatriser les plaies psychiques. Grâce à cette ouverture à la différence, les conjoints parviendront à s'écouter l'un l'autre et à accepter aussi leurs mécanismes défensifs respectifs.

Différences de mécanismes de défense

Le mécanisme de défense intervient dans le psychisme pour protéger les amoureux contre la souffrance émotionnelle et la douleur de leur manque affectif. Il sera d'autant plus puissant si les émotions qui suscitent son intervention dans la relation sont intenses. Autrement dit, généralement, plus ils souffrent, plus ils se défendent pour ne pas avoir mal. Leurs moyens de se défendre sont bien ancrés dans leur psychisme parce qu'ils ont été des ressources insoupçonnées pour l'enfant qu'ils ont été.

> Au cours de sa jeunesse, Georges a été rejeté, jugé, réprimé, ridiculisé et banalisé dans l'expression de ses émotions et de ses besoins d'être aimé, sécurisé et écouté. Il a donc intégré la conviction inconsciente que, pour être aimé de ses parents, il devait rejeter, juger, réprimer, ridiculiser et banaliser sa vérité profonde. En fait, pour ne pas perdre leur amour, il a appris à utiliser avec lui-même les mécanismes défensifs que ses éducateurs utilisaient avec lui. Ses mécanismes de défense sont devenus des bouées de sauvetage psychiques en ce sens qu'ils ont contribué à lui assurer l'amour de ses premiers éducateurs.
>
> Par exemple, quand il jugeait et refoulait son besoin d'être reconnu plutôt que de l'exprimer, il n'était plus confronté au jugement de son entourage. Ainsi, il souffrait beaucoup moins et se sentait mieux accepté. Son expérience de vie l'a conduit vers la conviction enracinée que pour être aimé, il fallait se défendre par le refoulement. Voilà pourquoi ce mécanisme de défense intervient spontanément quand, dans sa vie de couple, il est habité par des souffrances émotionnelles.

Cependant, le problème qui se pose aujourd'hui avec son épouse est que, chaque fois qu'il se défend contre sa souffrance, il souffre quand même parce qu'il fait souffrir. Elle se défend aussi, ce qui produit une sorte d'escalade conflictuelle qui intensifie les zones de sensibilité de chacun et rend de plus en plus souffrantes leurs situations de communication. Au lieu de se résoudre, leurs problèmes s'enveniment.

Tout comme les complexes et les émotions, les façons de se défendre diffèrent d'un conjoint à l'autre. Par exemple, quand il souffre, l'un peut se défendre par le reproche alors que l'autre peut le faire par le rejet. Si l'un attaque et agresse verbalement ou physiquement, l'autre peut s'écraser ou fuir. Chaque réaction défensive de l'un en entraîne une nouvelle chez l'autre et il se forme ainsi des spirales défensives répétées qui mènent la relation au conflit perpétuel ou à l'échec.

Au cours de leurs premières années de relation de couple, après l'étape de la fusion et de l'idéalisation, Georges et Nicole ont été coincés dans des disputes interminables parce que leur communication se déroulait sur un registre uniquement défensif lorsqu'ils vivaient des émotions désagréables. Plutôt que d'exprimer directement leurs besoins et leur vécu, ils s'en défendaient et leurs mécanismes de défense respectifs s'alimentaient les uns les autres et les menaient souvent dans des crescendos d'engueulades qui les détruisaient et les rendaient impuissants et malheureux. La plupart du temps, ces disputes étaient déclenchées par ce qui leur semblait des détails, ce qui est fréquemment le cas d'un grand nombre de conflits amoureux. En réalité, chacun d'eux était atteint dans ses zones de sensibilité psychiques. Certains gestes et certaines paroles de l'un faisaient remonter des douleurs passées non exprimées et provoquaient des réactions qui semblaient dramatiques par rapport à la banalité du déclencheur.

C'est ce qui se produisit au retour d'une soirée entre amis. Ce soir-là, Nicole, qui avait le cœur à la fête, avait bu deux ou trois bières, ce qui n'était pas du tout dans ses habitudes.

Généralement sobre et réservée, elle sortit de la soirée un peu pompette. Taciturne de nature, elle était devenue volubile et se perdait dans des éclats de rire qui rendaient Georges furieux. Après la soirée, dès qu'ils furent installés dans la voiture, sur le chemin du retour à la maison, il se mit à la bouder. Il ne répondait pas à ses questions et il opposait à ses tentatives de rapprochement une attitude de fermeture et de silence qui rendit Nicole très mal à l'aise. Quand elle le touchait, il se raidissait et la repoussait. Se sentant rejetée, elle devint agressive et se mit à lui adresser des accusations plus ou moins appropriées, ce qui eut pour effet d'enfermer davantage Georges dans son mutisme défensif. Plus elle lui reprochait d'être insensible, indifférent, asocial, jaloux et égoïste, plus il se refermait sur lui-même et se retirait dans un monde qui devenait inaccessible à sa conjointe.

Nicole se sentit alors seule et abandonnée devant ce mur infranchissable. Sa souffrance atteignit une telle acuité qu'elle ne put supporter la présence silencieuse de Georges. Cette douleur profonde rappelait à sa mémoire des souvenirs insupportables de solitude et d'abandon. Elle rappelait à Nicole ces heures infernales de son enfance où, seule dans sa chambre, elle attentait que ses parents ferment leur restaurant et qu'ils reviennent à la maison. Ils n'avaient d'intérêt que pour leur travail. Elle ne sentait pas qu'elle était importante pour eux.

Ce soir-là, dans la voiture, elle avait le sentiment de ne pas exister pour son conjoint. Elle ne pouvait pas supporter cette absence psychique, cette distance, cette inaccessibilité. Aussi, dès qu'ils arrivèrent à leur appartement, Nicole sortit de la voiture et, plutôt que de rentrer chez elle, elle a fui son conjoint. Cette nuit-là, elle marcha pendant plus d'une heure pour calmer sa douleur avant de revenir à son appartement. Elle y trouva Georges, qui se mourait d'inquiétude, assis sur le divan du salon. C'est lui qui parla le premier.

— Où étais-tu ? J'étais tellement inquiet. J'ai eu peur de te perdre.

Cette intervention de Georges permit de changer le registre de leur communication. Ils avaient été tous les deux défensifs. Elle s'était défendue contre la souffrance de son sentiment d'abandon et de rejet par le reproche, l'accusation et la fuite. Il lui avait opposé une fermeture infranchissable. Plus elle accusait, plus il se refermait sur lui-même parce qu'il se sentait très coupable. Plus il se repliait, plus les reproches de Nicole devenaient acerbes. Maintenant, plutôt que de se défendre, Georges exprima ses émotions d'inquiétude, ce qui toucha profondément sa conjointe qui fondit en larmes. Elle se sentit instantanément importante pour lui.

Ils avaient réagi différemment parce qu'ils avaient des vécus différents nés d'histoires personnelles différentes.

En effet, Georges avait grandi avec une mère alcoolique qui buvait parce qu'elle ne s'aimait pas, se dévalorisait constamment et s'infériorisait devant son mari et sa famille. L'alcool était son moyen de fuir la souffrance de son complexe d'infériorité. Même s'il se sentait profondément aimé de sa mère qui, dans ses heures d'abstinence, était d'une attention extraordinaire à son égard, il grandit avec la honte d'avoir une mère alcoolique et avec un sentiment d'impuissance. Il se sentait responsable du problème de cette femme et coupable de lui en vouloir et de ne pas l'aimer quand elle était dominée par sa dépendance.

Aussi, lorsqu'il vit Nicole se permettre de boire une deuxième bière, il paniqua. Un mélange d'émotions non identifiées le submergea et il réagit par le silence parce que ses tentatives répétées auprès de sa mère dans le passé n'avaient eu aucune influence sur son comportement par rapport à l'alcool. Avec Nicole, il sentit à nouveau l'impuissance et l'angoisse l'envahir. Ce n'est que lorsqu'il se trouva seul au moment de sa fuite en ville qu'il prit conscience de son vécu et qu'il réalisa son erreur. Il avait dramatisé le fait que son épouse prenne de l'alcool alors qu'elle n'était pas une alcoolique comme sa mère.

Cette expérience permit aux deux conjoints de se connaître davantage eux-mêmes et de se découvrir l'un l'autre.

Voici, schématisés, les différents processus.

Schéma du fonctionnement de Georges

Élément déclencheur — *Réaction défensive*

Nicole prend deux bières → Fermeture silence

↓

Émotions sous-jacentes

Impuissance, peur, angoisse

↓

Sources profondes du vécu

Alcoolisme de sa mère

Schéma du fonctionnement de Nicole

Élément déclencheur — *Réaction défensive*

Fermeture de Georges → Accusations, reproches

↓

Émotions sous-jacentes

Sentiment de rejet et d'abandon

↓

Sources profondes du vécu

Absence fréquente des parents

Nous voyons par ces schémas que la véritable source des conflits du couple est dans l'histoire personnelle de chacun et que la relation amoureuse réveille les conflits psychiques comme je l'ai montré précédemment. Nous voyons aussi que le conflit est causé par le fait que les conjoints se défendent au lieu d'exprimer directement leur vécu et que le mécanisme défensif de l'un suscite et entretient le mécanisme différent de l'autre. Ces réactions ne sont pas anormales, bien au contraire. Elles interviennent spontanément dans le psychisme des amoureux pour les protéger contre la souffrance qui les habite. Cependant, s'ils ne changent pas le registre de leur communication, ils répéteront les schémas du passé et se feront mutuellement très mal.

En situation de conflit, seul le passage du registre défensif au registre émotionnel peut rapprocher les êtres qui s'aiment parce qu'il permet une libération du vécu présent et passé et protège contre les ravages du refoulement et du ressentiment.

Pour accéder à ce registre, il est important que les conjoints découvrent et accueillent leurs mécanismes de défense et qu'ils s'en servent comme portes d'entrée sur leurs émotions. L'accueil de ses mécanismes défensifs personnels et de ceux de l'autre permet d'accéder à un nouveau mode de communication dans la vie des couples, ce qui est nécessaire pour entretenir une relation créatrice. Ce qui fut une bouée de sauvetage psychique lorsque Georges et Nicole étaient jeunes se transforme aujourd'hui en source de conflits dans leur relation de couple. S'ils ont appris à se défendre contre leurs émotions et leurs besoins pour être aimés lorsqu'ils étaient enfants, ils doivent maintenant apprendre, pour garder l'amour de leur partenaire amoureux, à accueillir leurs mécanismes défensifs afin de découvrir et d'exprimer authentiquement le vécu et les besoins qu'ils cachent. Cet accès à soi-même et à l'autre passe par l'acceptation des différences de chacun y compris par la différence des besoins.

Différence des besoins

Le manque de connaissance et d'acceptation des besoins, spécialement des besoins affectifs, est l'une des plus grandes sources de problèmes dans la relation de couple. Mais quels sont ces besoins que nous n'écoutons pas et que la relation amoureuse éveille en nous ? Nous avons tous les besoins plus ou moins pressants d'être aimés, valorisés, accueillis, écoutés, sécurisés et le besoin aussi fondamental d'être libres. L'intensité du besoin varie d'une personne à l'autre en fonction de ses manques passés. Encore ici, je le répète, l'histoire personnelle de chacun des conjoints fait la différence.

Deux problèmes se posent par rapport aux besoins psychiques dans la relation affective. Je l'ai observé autant dans ma propre expérience de couple que dans celle des couples que j'ai rencontrés ou que j'ai suivis professionnellement. Le premier est que, en dépit de leurs manques, la plupart des amoureux ont honte d'avoir des besoins, donc ils ne les expriment pas. Cette honte entraîne le deuxième problème qui est de placer chacun dans une position d'attente que l'autre devine et satisfasse ses désirs. Certains ont même intégré la croyance que si l'autre les aime vraiment, il saura répondre à leurs besoins sans qu'ils aient à en manifester l'existence.

Mais d'où vient cette honte d'avoir besoin de l'autre ? N'est-ce pas ce besoin d'aimer et d'être aimé qui pousse les conjoints l'un vers l'autre ? Pourquoi alors nier ou refouler ce qui les rapproche ?

Encore ici, la relation première et certaines relations affectives subséquentes ont fait vivre aux amoureux des expériences désagréables et même souffrantes en ce sens. Combien de personnes ont été qualifiées de « bébés » lorsqu'elles cherchaient à satisfaire leur besoin d'amour. Certaines furent humiliées, ridiculisées, banalisées et même réprimées lorsque, poussées par leur manque affectif, elles osaient se manifester ouvertement. Elles ont appris à se débrouiller toutes seules et à associer le besoin à la dépendance. Ainsi, le fait d'avoir besoin de l'autre est devenu synonyme d'immaturité. La recherche de libération et d'autonomie qui caractérisait la société occidentale des années 70, bien que bénéfique à plusieurs niveaux, n'a pas moins semé dans le cœur de certaines personnes la croyance qu'être autonome, c'était pouvoir se passer des autres. En conséquence, certains amoureux étaient déchirés entre leur besoin viscéral d'amour et leur désir d'autonomie.

Comment aimer et s'engager dans une relation de couple tout en sauvegardant son autonomie affective ?

S'il est vrai que le couple est le lieu par excellence pour donner et pour se réaliser, il est aussi une source de satisfaction des besoins psychiques de chacun. Ces besoins, bien que différents en intensité et selon les situations, doivent être généralement satisfaits pour assurer l'équilibre psychique de chacun et l'harmonie du couple. Mais ils ne pourront l'être vraiment si l'amoureux attend que sa bien-aimée le devine et le comble sans qu'il ait à se manifester. Il arrive en effet parfois que, spontanément, l'un des deux conjoints dise les mots ou pose les gestes qui nourrissent les besoins affectifs de l'autre. Quand cela se produit, le bonheur est intense. Cependant, aucun d'eux ne peut ni ne doit s'engager à découvrir et à prendre en charge les manques de son partenaire amoureux parce qu'un tel engagement mènerait inévitablement dans un cul-de-sac. De plus, il générerait de l'impuissance, de la culpabilité, une profonde insécurité et beaucoup de déception et de frustration.

Comme les besoins diffèrent d'une personne à l'autre à l'intérieur d'une même situation, et ce, à cause de l'histoire particulière de chacun, il est très difficile pour l'un de percevoir de façon juste les besoins de l'autre, même s'il l'aime profondément. Il est donc fondamental que chacun identifie ses besoins et qu'il les exprime ici et maintenant en acceptant que ces derniers peuvent varier en nature et en intensité d'un événement à l'autre, d'un jour à l'autre, d'une personne à l'autre. C'est là l'une des plus importantes marches à monter pour accéder à une vie de couple plus harmonieuse.

L'un des indices qu'un besoin n'est pas entendu est la réaction défensive. Le conjoint en manque affectif fera des reproches ou des accusations. Il pourra aussi culpabiliser ou encore banaliser son manque quand ce n'est pas bouder ou manipuler l'autre tant qu'il n'a pas ce qu'il veut. Ces mécanismes cachent souvent un besoin non écouté qui se doit d'être identifié et exprimé.

En réalité, derrière la plupart des conflits amoureux se cache une soif psychique non acceptée ou non conscientisée.

J'ai moi-même suscité des disputes avec mon conjoint parce que je lui faisais des reproches quand il ne devinait pas et ne comblait pas mes manques. Par exemple, quand je lui parlais d'une difficulté que je traversais, il réagissait spontanément en me proposant des solutions, toutes plus inutiles les unes que les autres parce qu'elles ne me convenaient pas. Il me conseillait à partir de ses propres expériences, ce qui n'avait aucune résonance dans ma vie. Je ressortais toujours de mes confidences, déçue, aigrie, frustrée, lui reprochant qu'il était incapable de m'entendre, de me comprendre et de m'écouter.

J'ai mis du temps à me rendre compte que c'est moi qui ne m'écoutais pas. Je n'écoutais pas mon grand besoin d'être entendue. J'ai pris conscience aussi que je lui reprochais de ne pas me comprendre mais que je ne le comprenais pas non plus. En effet, profondément touché par ma souffrance, il cherchait à m'aider à tout prix pour ne pas sentir l'impuissance et la peine qu'il ressentait lui-même quand je lui parlais de ce qui me faisait mal. Il m'aimait et ne supportait pas de me voir souffrir. Il se défendait de ses malaises par le conseil. Malheureusement, malgré son grand désir de me rendre heureuse, ses conseils ne comblaient en rien mon véritable vœu qui était d'être écoutée par lui.

Au lieu de lui exprimer ce souhait, je le blâmais, ce qui m'empêchait de reconnaître les avantages que je retirais très souvent de ses conseils. En effet, je dois admettre que sa propulsion à chercher des solutions rapides aux problèmes qu'il rencontre ne me déplaît pas toujours, bien au contraire. Quand, un jour, ma voiture fut enlisée dans la neige et que j'ai fait appel à ses services, mon grand besoin n'était pas d'être écoutée mais d'être aidée. À ce moment-là, j'ai apprécié grandement son habileté à résoudre facilement mon problème. Je voulais donc profiter de ses solutions quand cela me convenait et le contrôler et le juger quand cela ne me convenait pas.

Aujourd'hui, je sais que son désir est de m'aider quand j'ai mal parce qu'il souffre de me voir souffrir. Aussi, chaque fois que je lui parle d'un problème relationnel ou d'une souffrance psychique, je lui demande de m'écouter, ce qui me donne beaucoup plus de satisfaction. Je lui dis à peu près ceci :

— Je vis quelque chose de difficile en ce moment et j'ai besoin de t'en parler pour voir clair en moi. Je sais que tu veux généralement m'aider quand je souffre et que tu souhaites me débarrasser de ma souffrance mais la meilleure façon de me donner ton support est de m'écouter sans me donner de solutions.

Quand je lui fais cette demande, il est sensible à ce que je lui dis et il m'écoute. Mais je dois la renouveler chaque fois que je lui parle de mes expériences douloureuses. Ainsi, nos deux besoins différents sont satisfaits, tant son besoin d'aider que mon besoin d'être entendue jusqu'au bout.

À partir de cet exemple, reproduisons sous forme de schéma le fonctionnement relationnel des deux conjoints.

Schéma du fonctionnement relationnel (de la dysharmonie à l'harmonie)

	LUI	ELLE
Élément déclencheur	La souffrance de l'autre ↓	Le manque d'écoute ↓
Mécanismes défensifs	Les conseils, les solutions ↓	Le reproche ↓
Émotions	L'impuissance, sentiment d'inutilité ↓	La frustration, le sentiment d'être incomprise ↓
Besoins	Le besoin d'aider Le besoin de soulager la souffrance de l'autre	Le besoin d'être écouté Le besoin qu'on lui fasse confiance

Les conflits naissent la plupart du temps de vécus désagréables suscités par des déclencheurs réels ou imaginaires. Dans la relation de couple, le déclencheur est souvent une parole ou un acte du conjoint. Ce qui cause la discorde dans la plupart des cas, ce n'est ni le déclencheur ni le vécu mais les mécanismes de défense suscités par les émotions désagréables. Pour retrouver l'harmonie, les conjoints doivent se taire un moment pour prendre conscience de leurs mécanismes défensifs dans l'ici et maintenant de la relation. Le silence favorise l'écoute des émotions et des besoins. Ainsi, la communication peut changer de registre s'il y a acceptation des différences au niveau du fonctionnement défensif et de la vérité profonde que ce fonctionnement abrite.

Quand les conjoints n'identifient pas et n'expriment pas leurs émotions et leurs besoins dans la relation amoureuse, ils ont tendance inconsciemment à donner à l'autre ce qu'ils aimeraient recevoir. Cette réalité a parfois pour conséquence que chacun a le sentiment de n'être pas vraiment aimé par l'autre. C'est un peu le cas des personnes qui croient que, par exemple, leur mère ou leur père ne les a jamais aimées. En fait, ce serait plus juste de dire qu'elles n'ont pas toujours été aimées comme elles auraient voulu l'être, ce qui est bien différent. Pour mieux me faire comprendre, je vais apporter un autre exemple tiré de ma propre relation de couple.

> Pour me sentir aimée de mon mari, j'ai besoin qu'il m'exprime ses sentiments par des mots. C'est important pour moi d'entendre dire très fréquemment et avec authenticité des paroles telles : « Je t'aime », « Tu es importante pour moi », « Je suis heureux avec toi ». Au début de notre vie amoureuse, comme les mots d'amour me comblaient affectivement, j'avais tendance à lui exprimer mes sentiments par des phrases merveilleuses qui ne le nourrissaient pas vraiment puisque son besoin était bien différent du mien. Lui, il se sent aimé par des gestes d'affection. Aussi, me manifestait-il son amour par des caresses répétées qui finissaient par m'agacer parce que je me sentais envahie. Nous étions amoureux l'un de l'autre mais nous étions souvent insatisfaits et souffrions de manques affectifs parce que ma façon d'exprimer mes sentiments ne suffisait pas à combler ses besoins et, réciproquement. En fait, plus ses élans affectueux me dérangeaient, moins je le touchais et plus il vivait le manque. Il redoublait donc ses caresses.
>
> C'est la découverte et l'expression de nos besoins respectifs qui nous a permis de donner à l'autre, dans le respect de nous-mêmes, ce dont il avait vraiment envie.

Ces schémas et ces explications montrent que dans la relation amoureuse, lorsque les deux conjoints sont prêts à se remettre en question et à chercher en eux la source des conflits relationnels, ils découvrent qui ils sont, comment ils réagissent, ce qu'ils vivent et quels sont leurs besoins. Ils réalisent alors que c'est en prenant la responsabilité de s'occuper de leurs besoins au moyen de demandes claires qu'ils deviennent libres et autonomes. Ainsi, ils apprennent à vivre ensemble avec leurs différences et à se comprendre mutuellement au lieu de juger l'autre qui n'a pas, dans la même situation, les mêmes émotions, les mêmes besoins, les mêmes mécanismes de défense et les mêmes limites.

Différences de limites

Le manque de respect de ses propres limites et de celles de l'autre est une des plus importantes sources de conflits dans les relations amoureuses et l'une des plus importantes causes de problèmes personnels. Combien de personnes se sont attiré de graves souffrances physiques parce qu'elles n'ont pas écouté les limites de leur corps ?

Connaître et faire respecter ses limites corporelles, ses limites psychologiques et ses limites territoriales est un des gages de santé des conjoints et de leur relation.

Malheureusement, la peur de perdre l'amour anesthésie la conscience des limites ce qui fait que l'être humain se crée des maladies que les animaux n'ont pas parce que ces derniers, pour la plupart, savent instinctivement se protéger contre l'envahissement.

Comme je l'ai expliqué dans mon livre *Éduquer pour rendre heureux*, il y a une différence à connaître entre une limite et une menace.

La menace a pour but conscient ou inconscient de changer l'autre et de prendre ainsi du pouvoir sur sa vie. La limite, par contre, a pour objectif de donner à une personne le pouvoir sur sa propre vie. Elle implique un changement fondamental chez celui qui la pose.

Bien qu'elle soit accompagnée de souffrance à cause du risque réel de perdre qu'elle comporte, la limite a pour résultat d'augmenter l'amour de soi et la confiance en soi, d'attirer le respect et de procurer un profond sentiment de liberté. Dans une relation de couple, l'équilibre entre l'amour de soi et l'amour de l'autre, de même que l'équilibre entre le respect de soi et le respect de l'autre doivent être impérativement recherchés pour assurer le bonheur des conjoints. Malheureusement, trop nombreux sont les amoureux qui, par peur de perdre, acceptent l'inacceptable. Ce fut le cas d'Émilie.

Après six ans de mariage avec Frédéric, ils étaient devenus les parents de trois filles. Par souci de s'occuper de ses enfants, elle avait décidé de consacrer son temps à leur éducation et de quitter son travail d'infirmière pour quelques années. Devenu responsable des besoins matériels de sa famille, Frédéric passait la plus grande partie de son temps au travail. Il rentrait à la maison de plus en plus tard, chaque soir, prétextant qu'il avait été retenu au bureau par des dossiers importants à compléter. De plus en plus seule avec les enfants, Émilie commença à se sentir abandonnée par son mari. Lorsqu'elle lui reprochait ses absences, il lui répondait qu'il devait travailler fort parce qu'il était seul à faire vivre la famille. Se sentant coupable, elle n'osait trop insister jusqu'au jour où elle découvrit une lettre d'amour dans la poche intérieure de sa veste, signée par une certaine Laura.

Lorsqu'en larmes, elle demanda à son mari s'il y avait une autre femme dans sa vie, il ne nia pas la vérité. En effet, il était amoureux d'une collègue qui travaillait souvent avec lui dans les causes qu'il défendait en tant qu'avocat. Il reconnut que cette relation durait depuis plus d'un an et ajouta qu'il n'était pas prêt à laisser cette femme qui l'attirait énormément. Devant ces aveux, Émilie sentit son cœur se déchirer. Non seulement se sentait-elle trahie mais elle vécut un profond sentiment d'abandon et beaucoup d'impuissance devant le fait que Frédéric veuille poursuivre cette relation. Malgré ses demandes, ses supplications et ses menaces, son mari, qui disait l'aimer, continuait à rencontrer régulièrement sa collègue sur un plan autre que professionnel. Plusieurs fois, Émilie le menaça de le quitter avec les enfants s'il ne mettait pas fin à sa relation amoureuse avec cette femme. Très secoué au début par cette menace, Frédéric finit par y accorder peu d'importance parce que sa femme ne passait jamais à l'action.

C'est d'ailleurs ce qui se produit avec les menaces. Comme elles ont pour but de changer l'autre, elles finissent par devenir des coups d'épée dans l'eau parce qu'elles ne sont généralement pas mises à exécution. Émilie menaçait de partir mais elle n'était pas encore prête à quitter cet homme qu'elle aimait. Au fond, elle ne voulait pas le perdre. Aussi, subissait-elle cette situation infernale. Ses paroles, ses plaintes, ses menaces n'avaient plus de poids. Quand il se sentait trop coupable, Frédéric lui reprochait de lui enlever sa liberté et lui disait que cela n'altérait en rien leur relation, qu'il ne l'aimait pas moins pour autant et que, de toute façon, il ne l'empêchait pas d'avoir d'autres hommes dans sa vie. Il lui laissait toute liberté en ce sens et il voulait qu'elle en fasse autant.

Frédéric n'était pas un homme insensible, bien au contraire. Il n'aimait pas voir souffrir sa femme et se défendait tant bien que mal contre sa culpabilité. Cependant, comme il vivait une expérience différente de celle d'Émilie, il ne pouvait connaître, dans son cœur et dans son corps, la souffrance d'avoir un conjoint amoureux d'une autre personne. Il était comblé par l'amour de deux femmes alors qu'Émilie devait partager l'homme de sa vie. Dans cette situation, ils avaient des vécus différents, des besoins différents, des mécanismes de défense différents et des limites différentes. Lui ouvrir des portes sur d'autres hommes, c'était, pour Frédéric, un moyen de se déculpabiliser alors qu'Émilie vivait cette ouverture comme un abandon.

De plus en plus malheureuse, elle s'emprisonnait dans une attente qui la détruisait. Elle espérait que son mari change et qu'il décide de quitter sa maîtresse, ce qu'il ne fit pas parce qu'il avait tous les avantages dans cette histoire.

La situation dura des mois jusqu'au jour où Émilie, au cours d'une nuit d'insomnie, décida de retourner travailler à l'hôpital. Ce jour-là, elle passa à l'action. Elle fit des demandes d'emploi et posa une limite claire à son mari. Cette fois, il ne s'agissait plus d'une menace. Elle n'agissait plus pour changer Frédéric mais par amour pour elle-même. Elle ne pouvait plus vivre avec lui dans ces conditions. Elle acceptait maintenant de prendre le risque de le perdre pour exister pleinement. Lorsqu'elle lui parla ce soir-là, il comprit qu'elle n'était plus la même.

« J'ai vraiment touché ma limite, lui dit-elle. Je ne peux plus partager ma vie avec un homme qui est amoureux d'une autre femme. Je ne te juge plus, je ne te reproche rien, je veux tout simplement agir dans le respect de moi-même. Demain, je chercherai un appartement. »

Cette fois, Émilie était vraiment décidée à passer à l'action. Elle agissait pour elle-même et pour être heureuse. Le lendemain, lorsqu'il la vit lire les « petites annonces » de La Presse pour se trouver un appartement, Frédéric ressentit une profonde douleur. L'idée de la perdre l'angoissait. Comment pourrait-il vivre sans elle ? Ce jour-là, il refusa de travailler avec sa collègue. Il rentra tôt à la maison pour l'aider. Lorsqu'il voulut lui parler, elle refusa. Elle n'avait pas besoin de paroles mais d'actes. Elle avait aussi besoin de temps, de beaucoup de temps pour retrouver confiance en lui. Conscient du mal qu'il lui avait fait, Frédéric était prêt à affronter sa méfiance pour garder sa femme.

Cette expérience a été bénéfique pour Émilie. Elle lui permit de trouver son autonomie. Non seulement reprit-elle son travail mais elle s'inscrivit à l'université. Deux soirs par semaine,

Frédéric s'occupait des enfants pour qu'elle puisse poursuivre ses études de maîtrise. Elle avait enfin développé l'amour d'elle-même. Il avait été vital qu'elle pose cette limite à Frédéric. Elle ne pouvait lui demander de lui donner l'amour et l'importance qu'elle ne se donnait pas elle-même.

Quand l'amour de soi et le respect de soi sont menacés au point d'accepter l'inacceptable dans une relation de couple, il est temps de poser des limites au risque de perdre, pour enfin retrouver sa dignité et sa liberté

L'histoire d'Émilie a connu une fin heureuse, ce qui n'est pas toujours le cas. Cependant, même si elle avait perdu son mari, elle aurait tout de même pu tirer de cette expérience les précieux avantages de s'aimer, de se respecter, d'exister pleinement et de se réaliser, ce qui est essentiel pour vivre une relation satisfaisante.

Mais faut-il pousser la tolérance et la patience aussi loin qu'Émilie avant de fixer ses limites ? Dans le monde subtil et subjectif des limites psychiques, il n'y a ni lois, ni règles absolues. Tout dépend des zones de sensibilité de chacun. Les personnes qui ont vécu des expériences souffrantes d'envahissement, par exemple, seront plus facilement blessées lorsque leurs territoires ne seront pas respectés.

Charles et Marcelle étaient tous deux professeurs à l'université. Ils étaient très impliqués dans la recherche, chacun dans leur spécialité. Pour faire adéquatement leur travail, ils ont aménagé deux pièces de leur maison en bureaux. Ainsi, chacun avait sa place, son ordinateur, son matériel et sa bibliothèque. Ils étaient très heureux de leur initiative jusqu'au jour où Charles fut préoccupé par un problème qui le rendait agressif : il se sentait fréquemment envahi par Marcelle qui venait souvent dans son bureau pour emprunter des livres, des crayons, des cahiers. Elle fouillait dans ses tiroirs pour trouver ce dont elle avait besoin, et ce, sans le lui demander. Très sensible à l'envahissement, Charles bouillait de rage intérieurement et réagissait parfois par des colères desquelles il ressortait avec un profond sentiment de culpabilité qui le poussait à s'excuser et à tolérer pour un certain temps l'ingérence de sa femme dans ses affaires.

Le système durait déjà depuis quelques mois lorsqu'il prit conscience qu'il était prisonnier de son sentiment de culpabilité et que ce sentiment refoulé suscitait, à long terme, d'intenses colères. Ce jour-là, il constata qu'il réagissait au lieu d'agir. En fait, l'intrusion de Marcelle rappelait à sa mémoire inconsciente les nombreuses ingérences de sa mère qui venait régulièrement dans sa chambre, fouillait dans ses tiroirs et lisait son courrier et son journal personnel sous prétexte qu'elle était responsable de son éducation. Elle écoutait même ses conversations téléphoniques avec ses amis. Il se souvient des nombreuses fois où, se sentant envahi dans sa vie intime, il rêvait qu'elle meure. Ces pensées le remplissaient de culpabilité. Il revivait donc avec son épouse les mêmes émotions avec une intensité aussi forte. Aussi, prit-il la décision de dire clairement à Marcelle de ne jamais prendre quoi que ce soit dans son bureau sans le lui demander. Elle respecta sa demande pendant quelques jours mais reprit vite son habitude. C'est alors qu'il lui posa une limite claire et précise avec une conséquence.

— Je suis prêt à te prêter tout ce que tu veux, Marcelle, mais j'ai besoin que tu me le demandes. Autrement, je me sens envahi et non respecté. C'est important pour moi. Sinon, je devrai fermer la porte à clef et je n'aimerais pas en arriver là.

— Mais moi, je ne t'empêche pas de venir dans mon bureau. Pourquoi ne pourrais-je pas en faire autant ?

En fait, Marcelle n'avait pas la même limite parce qu'elle n'avait pas du tout la même histoire de vie que son mari. De plus, elle n'avait pas à poser cette limite à Charles puisqu'il avait un respect absolu du territoire des autres, y compris celui de son épouse. Il était trop sensible à l'envahissement pour envahir.

Respecter la demande de Charles, c'était, pour Marcelle, le reconnaître et l'accueillir dans sa différence. C'était aussi être sensible à sa blessure passée par rapport au non-respect de son territoire physique et psychique.

De toute façon, Charles n'était pas un égoïste ni un misanthrope. Il était, au contraire, souvent disponible, généreux et très communicatif. Cependant, quand il se sentait envahi, il devenait froid, taciturne et agressif parce qu'il était atteint dans un noyau affectif de fragilité. En posant des limites claires, il se protégeait contre sa souffrance, respectait sa sensibilité à l'envahissement et retrouvait sa liberté, ce qui rendait sa relation amoureuse beaucoup plus harmonieuse surtout lorsque Marcelle l'accueillait sans le juger, tel qu'il était. D'ailleurs, quelque chose d'important aida sa conjointe à le comprendre. Elle prit un jour conscience de sa fragilité par rapport à l'insécurité.

Son histoire personnelle la rendait très vulnérable devant l'inconnu et tout ce qu'elle percevait comme un danger potentiel. Par exemple, elle avait peur de voyager dans des lieux qu'elle ne connaissait pas. Dans sa relation de couple, elle s'inquiétait quand Charles arrivait en retard et son inquiétude se transformait facilement en anxiété, voire en angoisse quand les retards se prolongeaient. Tout de suite, elle imaginait un accident grave. Elle mit du temps avant d'accueillir sa propre zone de sensibilité psychique et avant de faire à Charles la demande claire de lui téléphoner chaque fois qu'il prévoyait un retard, aussi court soit-il. Elle avait une limite à ce sujet que son conjoint n'avait pas. Mais le fait d'accepter leurs différentes fragilités psychiques issues des expériences relationnelles du passé et d'accepter aussi les zones sensibles de leur partenaire amoureux a permis à Marcelle et à Charles de se créer une relation qui les a rendus vraiment plus heureux.

Dans la relation amoureuse, la limite n'est pas une fermeture mais une ouverture. Elle amène les conjoints à se connaître, à s'accepter et à accepter la différence de l'autre. Cependant, pour qu'elle soit source d'harmonie, elle ne doit pas être posée à tort et à travers. Elle suppose une écoute de soi, une découverte et une acceptation de ses zones sensibles. Elle ne doit pas, je le répète, avoir pour but de changer l'autre mais plutôt celui de se respecter soi-même et de se donner un espace de liberté psychologique dans la relation. Avant d'être appliquée, elle doit toujours être précédée d'une demande claire.

Il est bien évident que le conjoint est libre de répondre à une demande. Lorsqu'Émilie a demandé à Frédéric de quitter sa maîtresse, il était complètement libre de refuser. Ce qu'il fit d'ailleurs. Cependant, s'il y a des refus supportables et acceptables, il en est d'autres qui remettent tout en question. Si, par exemple, Frédéric avait refusé d'accompagner son épouse au théâtre parce qu'il ne voulait absolument pas manquer son match de baseball, elle aurait pu être déçue sans pour autant remettre sa relation de couple en question. Mais si son mari refuse de sortir avec elle parce qu'il a une autre femme dans sa vie, c'est différent. Dans ce cas, si la demande est refusée, que faire ? C'est à ce moment que se pose le choix entre le respect du besoin de l'autre et le respect de soi. Lorsque les besoins d'un conjoint sont déclencheurs d'autodestruction, de manque d'amour et de manque de respect de soi chez l'autre, il est fondamental, voire essentiel pour ce dernier de retrouver son importance et sa dignité.

**On perd toujours l'amour de l'autre
quand on sacrifie l'amour de soi.**

Dans ces cas-là, il est indispensable de poser une limite avec une conséquence. Entendons-nous bien. Il ne s'agit pas d'une menace comme je l'ai bien expliqué, ni d'une demande laquelle n'est pas suivie d'une conséquence. Pour bien s'entendre, les conjoints ont avantage à bien distinguer la limite de la demande et de la menace.

La demande

Expression claire d'un besoin avec acceptation d'une réponse favorable ou défavorable.

La menace

Expression plus ou moins claire d'un besoin accompagnée de l'énoncé d'une conséquence si le besoin n'est pas satisfait. Le but de la menace est de changer l'autre ; il n'y a généralement pas de mise en application de la conséquence.

La limite

Expression claire d'un besoin accompagnée de l'énoncé d'une conséquence si le besoin n'est pas satisfait. Avec la limite, le but est de se respecter et de se changer soi-même sans vouloir changer l'autre et la conséquence est toujours actualisée.

Généralement, lorsqu'une personne est atteinte dans son noyau psychique le plus sensible, elle se débat en faisant des menaces. C'est ce qui est arrivé à Yvan dans sa relation avec Karine. Lorsqu'il la vit, il devint tout de suite amoureux d'elle. Il ne savait rien à son sujet sinon qu'elle l'attirait énormément. Quand il apprit qu'elle avait un fils de trois ans, il fut très heureux parce qu'il adorait les enfants. D'ailleurs, il s'attacha très vite au petit Auguste qui était un enfant charmant. Tout se déroula très bien jusqu'au jour où Auguste, en colère, parce qu'Yvan refusait de le laisser jouer avec son portefeuille, se mit à crier et à le frapper à coups de poing. Pour se protéger et le sortir de sa crise, Yvan le prit par le bras avec fermeté et l'assit sur une chaise en lui disant qu'il ne voulait pas être frappé. À ce moment précis, Karine intervint et lui dit : « Ne touche pas à mon fils. Tu n'es pas son père. Ce n'est pas grave qu'il te frappe, ce n'est qu'un enfant. » À la suite de cet incident, Karine s'interposa toujours entre Auguste et Yvan, en faveur de son enfant. Conséquemment, le petit devint de plus en plus irrespectueux envers Yvan qui se sentait démuni et impuissant. Plusieurs fois, il menaça Karine de la quitter si elle ne faisait pas en sorte que son fils le respecte. Il lui est même arrivé de partir pour quelque temps mais il revenait aussitôt. En fait, il voulait changer la femme qu'il aimait et n'avait pas le courage de la quitter.

Confus et déchiré, il décida d'entreprendre une démarche personnelle avec un thérapeute au cours de laquelle il découvrit le grand manque de respect qu'il avait envers lui-même. Toute sa vie, il avait toujours tout accepté pour être aimé et il s'était attiré le contraire de ce qu'il recherchait. Non respecté de Karine et de son fils, il entretenait le sentiment de manquer de valeur, sentiment qu'il cultivait lui-même en subissant une situation qui l'empêchait d'exister.

Lorsqu'il toucha la peine que lui faisait vivre cette expérience, il comprit qu'il ne pouvait plus accepter un tel manque de respect. Il lui fallut beaucoup de courage pour s'affirmer devant Karine. Il avait peur de sa réaction et peur de la perdre. Il lui dit qu'il ne pouvait plus tolérer le comportement d'Auguste à son égard et qu'il ne le laisserait plus lui manquer de respect. Aussi lui demanda-t-il de lui faire confiance et de ne pas intervenir entre lui et l'enfant. Lorsqu'à sa demande, elle réagit en lui répétant qu'il n'était pas le père, il toucha pour la première fois sa limite. Il ne voulait plus la changer. Sa priorité était maintenant de se respecter lui-même. Il était même prêt à la perdre plutôt que de continuer à s'écraser et à se nier devant elle. Il savait qu'il ne pourrait plus poursuivre sa relation amoureuse dans de telles conditions.

Karine continua a surprotéger son enfant. Elle n'était pas consciente qu'il la faisait tourner comme une toupie et qu'il ne la respectait pas non plus. Yvan souffrit beaucoup de cette séparation qu'il avait lui-même choisie mais il ne regretta rien parce qu'il en ressortit beaucoup plus solide et confiant en lui-même. Il avait compris enfin, parce qu'il l'avait vécu, ce qu'était l'amour de soi.

Voilà le cadeau que peut procurer la découverte, l'acceptation et l'expression des limites. Elle donne le bonheur de trouver la dignité, le respect de soi et, conséquemment, la possibilité de vivre des relations affectives harmonieuses parce qu'elle tient compte de la réalité. Elle suppose toutefois un travail de connaissance de soi-même pour que chacun se sente libre d'être ce qu'il est, libre d'aimer ce qu'il aime et libre de ses opinions.

Pour favoriser la conquête de cette liberté, les conjoints doivent trouver des moyens d'apprendre à vivre avec leurs différences mutuelles.

Comment apprendre à vivre avec les différences?

L'approche des différences, telle que présentée précédemment, peut fournir aux couples de nombreuses pistes pour les aider à vivre harmonieusement dans la réalité.

Ces pistes, qui peuvent s'appliquer aux différences de goûts, d'intérêts et d'opinions, reposent sur une valeur fondamentale : l'acceptation.

S'accueillir soi-même avec ses forces, ses faiblesses et ses limites, et accueillir la différence de l'autre, c'est se donner la clef pour franchir la porte qui ouvre le couple sur une relation où l'entente fait place à la discorde.

Même si j'ai déjà parlé de l'acceptation, je tiens à consacrer encore quelques lignes à ce sujet si important pour faciliter l'intégration d'une notion sans laquelle il n'y a pas de véritable transformation bénéfique dans la relation amoureuse.

Toutefois, pour faciliter le processus d'acceptation des particularités individuelles, il est important de les aborder dans une optique de complémentarité plutôt que comme des sujets d'opposition.

Rechercher la complémentarité

Partout où ils allaient, Jacinthe et Éric étaient remarqués. Toujours chic et soignée, Jacinthe accordait beaucoup de temps et d'importance à son habillement, son maquillage et sa coiffure. Elle était toujours élégante. Quand elle connut Éric, tout son entourage était convaincu qu'ils ne feraient pas longue route ensemble. Autant elle avait une allure classique, autant il était fantaisiste et marginal. De plus, il se distinguait par son tempérament extraverti alors qu'elle était plutôt taciturne et secrète. Il parlait et elle l'écoutait avec un regard admirateur. Ce qui accentuait leur spécificité était leur différence d'âge. Elle avait trente-six ans. Il en avait vingt-huit. Au début de leur relation, Jacinthe avait parfois du mal à accepter la désinvolture de son amoureux. De nature sérieuse et retenue, elle avait parfois honte du sans-gêne de son compagnon de vie.

Par contre, elle reconnaissait que l'aisance qui le caractérisait avait un effet bénéfique sur elle. Elle remarqua qu'elle se donnait davantage la liberté d'être elle-même depuis qu'elle le fréquentait. Héritière d'une éducation qui l'avait rendue prisonnière du regard des autres, elle sentit progressivement qu'elle s'affranchissait de principes et d'introjections qui l'avaient toujours empêchée de se réaliser. Son admiration pour Éric reposait aussi sur le fait qu'il avait un grand respect des autres et de lui-même. Jamais elle ne l'avait entendu juger ou critiquer son entourage. Il avait même une délicatesse et une attention envers elle et sa famille qui la touchaient profondément. Elle apprit à l'accepter sachant de toute façon qu'il était trop cohérent avec lui-même et trop bien dans sa peau pour changer ses manières désinvoltes. Sans nier sa nature organisée, rigoureuse et structurée qu'Éric admirait, elle put, grâce à lui, s'ouvrir au monde de la création artistique et s'intéresser vraiment à la passion qui animait cet homme : la peinture.

Malgré leur ouverture à la différence, Jacinthe et Éric ne connaissaient pas moins des moments difficiles dans leur relation. Il arrivait à Éric d'être agacé par le besoin de son amoureuse de planifier leurs activités communes. Il avait l'habitude de suivre l'impulsion du moment. Cependant, il reconnaissait que ces planifications lui permettaient de participer ou d'assister à des événements importants desquels il était privé par manque de prévoyance.

De son côté, Jacinthe vivait souvent de l'insécurité devant l'insouciance de son conjoint qui vivait au jour le jour sans trop penser au lendemain. Ils eurent à s'ajuster pour être heureux ensemble. Ce qui les aida particulièrement dans ce processus d'adaptation, c'est qu'ils décidèrent de mettre davantage l'accent sur les avantages que leur offrait leur complémentarité plutôt que sur les inconvénients causés par leur spécificité, et ce, sans nier les malaises qu'entraîne souvent le choc des différences. Cette perspective leur permit de conjuguer leurs talents pour réaliser quelque chose d'important ensemble.

Grâce à son sens de l'ordre et de la structure, Jacinthe prit en main l'organisation des expositions de peinture d'Éric. Elle le représenta dans les plus grandes galeries et contribua à faire connaître ses œuvres. Elle en retira beaucoup de bénéfices. Encouragée par l'homme qu'elle aimait, elle apprit à exploiter des talents qu'elle ne se connaissait pas, à se faire confiance et à faire ainsi un travail qui lui plaisait vraiment. Son implication eut une influence sur le travail d'Éric qui dut apprendre à structurer davantage son temps pour préparer les expositions de ses œuvres. Pour la première fois de sa vie, il devait faire face à des échéances. Bien qu'il en souffrait un peu à certains moments, il n'en était pas moins heureux lorsqu'il constatait les résultats produits par son assiduité et ses efforts.

L'expérience de Jacinthe et d'Éric démontre bien que l'acceptation des particularités individuelles permet aux conjoints de conjuguer leurs différences pour créer et se réaliser. J'ai vécu ce genre d'expérience de nombreuses fois dans ma relation avec mon mari.

Quand j'ai eu l'idée d'aller faire des études de doctorat en France et qu'il décida de s'intégrer à mon projet en faisant une maîtrise et un DESS[9] en psychologie clinique et en psychopathologie à l'Université de Paris, j'étais très heureuse de bénéficier de sa nature pragmatique pour réaliser ce rêve. Nous avons

9 DESS : Diplôme d'Études Supérieures Spécialisées

> aussi conjugué nos différences lorsque nous avons créé nos deux écoles de formation en relation d'aide, soient le Centre de Relation d'Aide de Montréal Inc. et l'École Internationale de Formation à l'ANDC Inc. Autant je peux reconnaître ma compétence au niveau des services pédagogiques, autant la sienne est indispensable dans le domaine de la gestion d'entreprise, de l'administration et des affaires juridiques. Il manie le monde de la finance et de la légalité de façon remarquable.

L'acceptation des particularités individuelles, en plus de décupler l'exploitation des talents des conjoints par la mise en commun de leurs ressources, a pour autre avantage de leur offrir une ouverture à l'apprentissage. En effet, grâce à cette acceptation, ils peuvent consacrer leur énergie à apprendre à vivre avec la différence de l'autre, plutôt que de la dépenser à essayer de se changer mutuellement. Apprendre à vivre avec une amoureuse taciturne, par exemple, donne de meilleurs résultats au niveau de l'harmonie relationnelle que d'essayer d'en faire une personne loquace.

Quand un être humain se sent accepté, il est généralement plus enclin à se dire et plus ouvert aux changements que lorsqu'il est contraint à dénaturer sa personnalité par des reproches, des jugements, des accusations et des culpabilisations.

Si Jacinthe n'avait pas appris à vivre avec les différences d'Éric et si elle avait constamment cherché à le changer plutôt que de travailler sur elle-même, ils n'auraient pu conjuguer leurs talents pour se réaliser ensemble. Leur histoire aurait ressemblé à celle de nombreux couples qui s'acharnent à détruire leur relation plutôt qu'à la construire et qui, conséquemment, sont profondément malheureux.

Mais dans la réalité, comment peut-on apprendre à vivre avec la différence de l'autre ?

Lorsque Claude ressentait de l'impuissance ou de la culpabilité, il réagissait spontanément par une colère défensive intense. Son ton de voix changeait instantanément et il lui arrivait même de crier et de dire des paroles blessantes qu'au fond, il ne pensait pas et qu'il regrettait.

Louise, qui avait grandi dans une famille où l'expression de la colère était sévèrement jugée, ne pouvait supporter la nature coléreuse de son mari. Elle le jugeait et le critiquait ouvertement et froidement. Se sentant rejeté, il redoublait de culpabilité, ce qui provoquait des crises qu'il avait souvent du mal à contrôler. Il avait fait beaucoup d'efforts pour se défaire de cette réaction défensive mais ne réussissait pas à s'en débarrasser.

Tenter de se défaire de ses émotions désagréables, de ses besoins et de ses mécanismes défensifs sans d'abord les accepter, c'est se lancer dans une entreprise vouée à l'échec parce qu'ils font partie intégrante de la nature psychique de l'homme au même titre que ses yeux, ses oreilles ou ses mains.

Claude et Louise travaillaient tous les deux à chercher à extraire ce qui constitue l'essence même de l'être. Leur démarche ne faisait qu'entretenir les systèmes relationnels insatisfaisants et souffrants tels ceux du bourreau et de la victime, du juge et du coupable, du supérieur et de l'inférieur comme je les ai décrits dans mon livre *Relation d'aide et amour de soi*. Ils n'avaient qu'un chemin à prendre pour sortir du bourbier dans lequel ils s'enlisaient chaque jour davantage, celui de l'acceptation. C'est ce qu'ils découvrirent le soir où, désespérés, ils décidèrent d'assister à une conférence que je donnais à Montréal et qui avait pour sujet le titre de ce livre : *Le couple heureux, c'est possible*. Ce soir-là, ils prirent conscience qu'ils avaient besoin d'aide. Ils me demandèrent de leur recommander un thérapeute et ils entreprirent une démarche qui transforma leur relation. D'abord, Jacinthe, qui était centrée uniquement sur le comportement colérique de son mari et qui le lui reprochait sans cesse, découvrit qu'elle avait aussi sa part de responsabilité dans leurs conflits.

Sans s'en rendre compte, elle était, par ses blâmes et son attitude de femme froide, moraliste et irréprochable, le principal déclencheur des colères de Claude. Cette observation soulagea ce dernier qui se sentait constamment méchant et nettement inférieur à son épouse parce qu'elle savait parfaitement contrôler ses émotions. Elle n'en était pas moins très défensive.

Après avoir fait cette prise de conscience, Louise et Claude ont commencé un travail d'acceptation de leur propre fonctionnement, ce qui leur permit d'accueillir l'autre plus facilement. Ils étaient alors prêts à apprendre à vivre avec la différence de leur conjoint, lui avec la tendance de Louise à se supérioriser et elle avec sa nature colérique.

Mais comment apprendre à vivre avec de telles réalités ? N'est-il pas illusoire de prétendre y arriver ?

L'apprentissage à vivre avec l'autre tel qu'il est est impossible sans acceptation.

Accepter l'autre ne veut pas dire que sa différence et ses réactions ne nous dérangent plus mais que nous lui donnons le droit d'être ce qu'il est tant avec ses faiblesses que ses forces, et ce, sans le condamner. Cette étape est la plus importante à franchir dans le processus d'adaptation des couples à la réalité. L'acceptation de soi et de l'autre a le merveilleux avantage d'enlever à chacun le pouvoir de changer l'autre. Elle a pour autre avantage paradoxal de créer le climat qui suscite le désir de se changer soi-même. En effet, quand une personne se sent accueillie, elle est beaucoup moins défensive, ce qui a pour effet que la relation est beaucoup plus harmonieuse.

Le troisième avantage de l'acceptation est qu'elle donne le cadeau d'apprendre à vivre avec la réalité plutôt que de lutter contre elle. C'est ce que firent Claude et Louise. Elle savait que ses paroles moralisantes et ses menaces décuplaient la colère de son mari. Aussi, lorsqu'il élevait le ton, elle cherchait en quoi elle avait déclenché son agressivité et savait s'en excuser. Elle ne s'écrasait pas devant lui et ne se supériorisait pas non plus. Elle ne faisait que chercher à être en relation, ce qui était impossible quand elle se perdait dans le jugement de ses colères. Pour sa part, lorsqu'il se sentait infériorisé par le langage méprisant de sa conjointe et qu'il sentait monter en lui la colère, il savait que derrière son agressivité se cachait une grande peine qu'il avait honte de montrer.

Chaque conjoint doit trouver sa route à suivre pour apprendre à vivre avec la différence de l'autre. Il n'y a pas de voie unique.

Jacques et Liliane, pour leur part, ont pris un autre chemin. Devant les crises de sa femme, Jacques se sentait impuissant. Il avait choisi de se taire et d'attendre que la tempête finisse. Son attitude avait cependant pour effet de stimuler la colère de son épouse. Il s'est rendu compte que son silence était provocateur parce qu'il était porteur de jugements. En réalité, il n'avait jamais accepté, après dix ans de vie commune, la nature colérique de sa femme. Ce n'est qu'au moment où il entreprit, sous les conseils de son beau-frère, une démarche d'acceptation, qu'il put découvrir comment vivre avec la colère de Liliane. D'abord, il cessa de la juger et de dramatiser la situation quand elle se mettait en colère, ce qui lui permit de l'aborder avec un brin d'humour sans se moquer d'elle. Sa nouvelle attitude allégea l'atmosphère et diminua considérablement l'intensité des transports de son épouse.

Madeleine et Laurier, de leur côté, prirent aussi un autre moyen. Laurier s'aperçut que le meilleur moyen d'apaiser son épouse et de communiquer avec elle sur un registre émotionnel était de parler un peu plus fort qu'elle quand elle élevait le ton. Ainsi, elle se rendait compte de son mécanisme défensif et était plus en contact avec les émotions et les besoins réels qui étaient cachés derrière ses paroles blessantes et accusatrices.

Aux amoureux qui me lisent, je dirais de ne pas chercher comment vivre avec la différence de leur conjoint sans l'avoir d'abord acceptée. Si l'acceptation semble impossible, une remise en question honnête s'impose. Cette remise en question peut être source de découvertes remarquables. En fait, qu'est-ce qui vous empêche d'accepter l'autre tel qu'il est ? Serait-ce un manque d'amour ? Serait-ce que vous ne vous acceptez pas vous-mêmes ? Serait-ce que vous n'êtes pas conscient de vos propres faiblesses ? Serait-ce que vous vous croyez supérieur ? Serait-ce que vous vous placez en moraliste ou que vous culpabilisez ? Peut-être manquez-vous d'affirmation ? Peut-être jugez-vous votre conjoint et le critiquez-vous en son absence pour avoir des appuis ? Peut-être devez-vous prendre la décision de le quitter ?

Mais qu'en est-il des limites dans un tel cas ? Vous devez savoir que la limite ne doit jamais être posée par rapport à l'« être » mais par rapport au « faire ». Vous ne pouvez pas demander à votre conjoint d'« être » différent de ce qu'il est mais d'« agir » différemment. Ainsi, vous ne pouvez exiger de lui qu'il ne soit plus colérique, ce qui porterait atteinte à sa nature. Cependant, vous pouvez lui poser une limite claire s'il tourne sa colère contre les enfants ou contre vous par des paroles de violence ou s'il s'en sert pour contrôler votre vie et vous imposer le changement de votre nature profonde. D'ailleurs, vous constaterez que s'il se sent accepté dans l'expression verbale de sa colère, il ne sentira plus le besoin de s'en défendre contre ceux qu'il aime.

La seule façon d'agir avec l'« être », c'est-à-dire avec la nature profonde de la personne aimée, est de travailler l'acceptation, d'exprimer son vécu et d'apprendre à vivre avec ce qu'il est plutôt que d'entretenir l'illusion qu'il va changer.

Ne l'oubliez pas, c'est l'acceptation qui, à long terme, amène des changements bénéfiques, jamais le jugement, le rejet et la culpabilisation. Surtout, ne pratiquez pas l'acceptation en attendant que votre amoureux ou votre amoureuse change, car seule l'acceptation définitive, sans projet sur l'autre et sans attente, est vraiment transformatrice à condition que chacun des conjoints soit ouvert à la remise en question et au travail sur lui-même, à condition qu'il cherche à se changer plutôt que de s'acharner à tenter de changer l'autre.

Se remettre en question

Vivre à deux pour être heureux implique que les deux conjoints soient prêts à s'investir et à se remettre en question. Si Claude accepte la nature colérique de Louise, qu'il apprend à vivre avec ce qu'elle est vraiment et qu'il voit ce qu'il peut changer lui-même pour améliorer sa relation, un changement favorable surviendra. Si Louise, de son côté, fait aussi un travail sur elle-même, le processus évoluera plus rapidement. Le travail de chacun d'eux passera par l'accueil de ce qu'il est, par la prise de conscience des sources profondes de ses comportements défensifs, par l'ouverture à écouter ses propres émotions et ses propres besoins, et par un désir réel d'apprendre à communiquer authentiquement avec l'être aimé.

L'histoire de Louise et Claude aurait pu connaître une triste fin s'il avait été, sur une longue période de temps, le seul à s'investir, à travailler sur lui-même et à se remettre en question. C'est parce que Louise a décidé de prendre aussi des moyens pour se découvrir, se comprendre et s'accepter que leur relation s'est progressivement améliorée.

Elle aimait son mari et était très sensible aux efforts sincères qu'il faisait pour se rapprocher d'elle, aussi, était-elle prête à faire son bout de chemin dans le respect de ses propres moyens qui, eux aussi, étaient différents de ceux de son conjoint. De cette façon, ils ont travaillé ensemble à améliorer leur relation parce que l'adaptation des différences repose sur des efforts de part et d'autre et l'évolution d'un couple vers sa maturité demande du temps et de l'investissement.

L'évolution d'un couple vers sa maturité demande du temps

Nous vivons à une époque où nous bénéficions de l'évolution de la technologie. La prolifération d'outils, de machines, de nouveaux procédés, de nouvelles techniques nous place devant un choix de moyens de plus en plus sophistiqués qui sont créés spécialement pour rendre notre vie plus agréable et pour nous permettre d'obtenir ce que nous voulons rapidement et sans trop de problèmes. Au niveau des communications, par exemple, des messages, des livres complets, des images-couleurs sont envoyés, numérisés, d'un bout à l'autre de la planète par téléphone, télécopieur et Internet, et ce, en quelques instants seulement, grâce à la fibre optique et aux réseaux satellites. L'homme et la femme modernes peuvent profiter, tant au travail qu'à la maison, des progrès technologiques pour accomplir le plus de tâches possible en un temps record.

À ce phénomène, qui résulte des progrès de l'évolution matérielle, s'est ajouté une évolution de nature plutôt psychologique qui s'est manifestée entre autres par l'avènement de l'Enfant-Roi qui, depuis la fin des années 60, a transformé le monde de l'éducation tant dans les familles que dans les écoles. À cette époque, les réformes proposées au Québec par le rapport Parent avaient comme objectif légitime d'humaniser la vie éducative par le biais de la satisfaction des besoins de l'enfant. L'éducation devenait ainsi au service des besoins psychologiques, physiques, affectifs et intellectuels des enfants au détriment même, dans la plupart des cas, de ceux de l'éducateur.

Parce qu'elle a largement contribué à faire passer le Québécois de la soumission à l'affirmation de lui-même, cette réforme a été globalement très bénéfique. Cependant, un retour du balancier vers le juste milieu s'impose. En centrant l'éducation prioritairement sur l'enfant, nous avons créé quelques générations de personnes qui s'expriment librement. Par contre, il est très difficile à plusieurs d'entre elles de supporter la frustration de ne pas toujours être totalement comblées dans leurs besoins. Ces dernières attendent de leur entourage qu'il soit attentif à ce qu'elles veulent et qu'il veille à les satisfaire le plus vite possible.

Ces phénomènes évolutifs, autant celui des découvertes technologiques que ceux de la psychologie moderne ont, sans l'ombre d'un doute, fait évoluer notre société à plusieurs niveaux. Ils ont cependant centré l'esprit humain sur l'obtention de résultats rapides et efficaces en négligeant souvent le processus.

Le bonheur d'un couple ne s'obtient pas nécessairement en un temps record. Il résulte généralement d'un processus qui demande de l'investissement et du temps :

- le temps de se connaître ;
- le temps d'apprendre à vivre ensemble ;
- le temps de bâtir quelque chose à deux ;
- le temps de traverser les obstacles ;

- le temps d'apprivoiser la réalité ;
- le temps de développer l'amour profond et enraciné.

Hugo a rencontré Élisabeth à une soirée d'amis. Ils ont été spontanément attirés l'un par l'autre comme des aimants. Tout était merveilleux dans cette relation jusqu'au jour de leur premier conflit. Ce jour-là, Élisabeth dit à Hugo, qu'elle ne se sentait pas importante pour lui. Elle vivait très difficilement le fait que son amoureux donne toujours la priorité à son groupe d'amis et qu'elle passe au second plan dans sa vie. Bouleversé par la déclaration de sa copine, Hugo lui reprocha de ne pas respecter sa liberté et, après quelques minutes d'argumentation, il la quitta pour ne revenir que très tard dans la nuit. Ce genre de situations se reproduisit plusieurs fois par la suite et chaque dispute se terminait par le départ d'Hugo qui finissait toujours par s'éloigner lorsqu'il vivait des malaises. Il se réfugiait dans le giron de son groupe de copains.

Toutefois, il éprouvait une certaine forme réelle d'attachement pour Élisabeth qu'il trouvait merveilleuse en d'autres circonstances. Mais il voulait une relation amoureuse sans problèmes ni conflits.

Un soir, alors qu'il revenait très tard après l'une de ses fuites, il trouva sa copine en larmes sur le divan du salon. Il ne pouvait supporter sa souffrance, aussi, a-t-il failli repartir aussitôt, ce qu'il ne fit pas. Il s'approcha d'elle pour lui demander ce qui n'allait pas. Elle lui répondit qu'elle ne pouvait plus subir ses départs précipités et vivre plus longtemps avec le sentiment d'abandon qui lui rongeait le cœur chaque fois qu'il partait au milieu d'un conflit. Elle avait besoin de travailler avec lui ce problème et d'aller chercher de l'aide. Hugo voulait en finir définitivement avec cette difficulté relationnelle. Aussi, accepta-t-il la proposition d'Élisabeth.

Pour traverser l'épreuve du temps, les amoureux ont avantage à accepter de parcourir ensemble les étapes du processus de transformation intérieure qui mène à l'harmonie. Ils ont aussi avantage à ne jamais oublier leur objectif de départ qui est d'être heureux ensemble et à se rappeler qu'un couple vivant n'est pas exempt de problèmes. Il se caractérise plutôt par le choix des amoureux de traverser main dans la main les épreuves de la vie.

Mais pour assurer la pérennité de la relation amoureuse malgré les obstacles de parcours, d'autres moyens s'offrent aux couples soucieux de connaître la maturité. Le premier et le plus important est l'acceptation de travailler sur soi.

Le travail sur soi

Un exemple personnel que j'ai déjà raconté dans un ouvrage précédent est très significatif à propos du travail sur soi. Quand j'ai connu ma première crise de couple, j'ai demandé à mon mari s'il était prêt à faire une démarche thérapeutique avec moi. Je ne pouvais plus supporter l'incommunicabilité à laquelle se heurtait notre relation. Elle me détruisait et je préférais le perdre que de me détruire. Il accepta. J'en fus très heureuse parce que j'étais convaincue qu'il était responsable de nos problèmes et que la thérapie allait enfin le changer. Il avait, pour sa part, la conviction que j'étais la cause des difficultés que nous rencontrions. Aussi, chacun d'entre nous acceptait de faire cette démarche dans le but précis et non avoué de changer l'autre.

En fait, nous voulions poursuivre, avec notre thérapeute, ce que nous avions déjà entrepris depuis longtemps, c'est-à-dire la tâche frustrante et sans issue de travailler sur l'autre plutôt que de travailler sur nous-mêmes. Dès le début de notre thérapie, nous avons compris que nous devions dépenser nos énergies à nous remettre d'abord en question si nous voulions améliorer notre relation et être heureux ensemble. Nous avons compris aussi que nous entreprenions un processus à long terme et qu'il ne suffisait pas de « savoir » pour changer. Nous avions besoin de temps et d'investissement.

La recherche de bonheur qui habite les couples au début de leur relation n'aboutit qu'à la désillusion et qu'à une souffrance insoluble si chacun des conjoints n'a pas compris l'importance de la remise en question personnelle. Le travail sur soi permet aux amoureux de franchir avec plus de satisfaction les problèmes et les conflits. Un tel travail aurait fait voir à Élisabeth qu'elle se victimisait et devenait culpabilisante quand elle se sentait abandonnée. Ce comportement défensif inconscient suscitait de la culpabilité chez Hugo ce qui le faisait fuir. Par ses départs, il entretenait le sentiment d'abandon de sa copine. Chacun avait donc la responsabilité de travailler sur lui-même pour en arriver à rencontrer l'autre au niveau du cœur. C'est ce que permettent le retour sur soi et l'ouverture à la reconnaissance.

L'ouverture à la reconnaissance

Le fait de travailler sur son conjoint plutôt que sur lui-même entraîne une conséquence particulièrement désagréable dans la relation de couple : chacun porte son regard sur les erreurs et les faiblesses de l'autre au point d'en oublier ses forces. Cette attitude négative entretient le sentiment de culpabilité et le manque de confiance en soi et rend la relation souffrante et, dans certains cas, dysfonctionnelle.

Les confidences de Gérard et de Charlotte m'ont beaucoup touchée à ce sujet. Leur relation amoureuse, qui durait depuis plus de douze ans, s'était détériorée considérablement au cours des dernières années. Ils n'avaient plus d'attention l'un pour l'autre et ne se parlaient que pour se faire des reproches ou des remarques dévalorisantes du genre de celles-ci :

« Enlève cet accoutrement. Tu fais grand-père avec ces vêtements-là. »

« Ta cuisine est fade. Tu ne pourrais pas y mettre un peu d'épices de temps en temps ? »

« Tes collègues de travail manquent de profondeur. Je me demande comment tu peux passer des journées entières avec ces gens-là ? »

« Ça fait deux ans que tu suis des cours de tennis et t'as encore du mal à faire tes services. »

Ces jugements désobligeants faisaient partie de leur communication quotidienne. Ils étaient devenus tellement habitués à se parler ainsi qu'ils ne réagissaient plus aux critiques de l'autre. Une chose, par contre, caractérisait leur relation, ils n'étaient plus heureux ensemble. Ils subissaient leur vie à deux comme on subit un mal de dents en attendant l'effet calmant des analgésiques. Chacun cherchait à trouver son bonheur en dehors de la relation, l'un par le tennis, l'autre par la télévision. Ils étaient en quelque sorte anesthésiés contre la douleur provoquée par les mots de dépréciation qu'ils entendaient.

Ce fonctionnement relationnel durait déjà depuis plus de trois ans lorsqu'un soir, invitée par sa voisine, Charlotte assista à une conférence dont le sujet était : « Le bonheur de vivre. » Le conférencier y traita surtout de l'importance de la reconnaissance. Les exemples qu'il apporta lui faisaient tellement penser à sa propre expérience qu'elle en fut bouleversée. Elle avait le sentiment de s'y reconnaître comme dans un miroir.

Le lendemain, lorsque son mari quitta la maison pour le bureau, elle lui dit avec un sourire : « J'aime beaucoup la cravate que tu portes ce matin. Les couleurs s'agencent bien avec ta chemise. » Il la regarda sans dire un mot, haussa les épaules et partit. À son retour, le soir même, elle le remercia d'avoir fait les courses pour le souper. Surpris, il lui demanda :

— Ça va toi ?

— Oui, ça va très bien.

— T'es sûre ?

Charlotte continua à voir le beau, le grand et le bon chez Gérard et ne cessa de le lui dire authentiquement. Elle me raconta que quelque chose se transforma progressivement en elle. Elle devint de plus en plus joyeuse et beaucoup plus tolérante devant les contrariétés. Même si son mari semblait toujours indifférent à ses remarques positives, Charlotte n'en poursuivit pas moins sa démarche. Ce n'est qu'après cinq semaines d'implication en ce sens qu'elle s'aperçut que Gérard commençait à s'ouvrir et à recevoir sa reconnaissance. Il affichait un grand sourire et semblait de plus en plus heureux. Elle n'attendait rien de plus puisque sa principale récompense fut sa propre transformation. C'est pourquoi elle reçut comme un cadeau le fait qu'il lui dise qu'il la trouvait belle le soir où tous les deux ils partaient fêter l'anniversaire du père de Charlotte. Effectivement, ce soir-là, elle s'était vêtue pour lui plaire et il l'avait remarquée. Elle comprit à ce moment-là que la valorisation est contagieuse quand on reconnaît la beauté et la bonté de ceux qu'on aime et qu'on le fait gratuitement sans attente. Cette contagion est toutefois impossible ou considérablement affaiblie avec un narcissique dont la vie est exclusivement centrée sur lui-même. Elle est possible si ce qu'on donne n'est pas le résultat d'un calcul et si chacun a développé l'ouverture à recevoir comme l'a fait Gérard après quelques semaines.

Pour valoriser, il est essentiel que chaque conjoint développe un regard positif sur l'autre sans pour autant nier le vécu désagréable et sans nier les faiblesses. Avec le temps, cette vision du beau et du bon s'élargit sur eux-mêmes et sur le monde et devient ainsi un outil indispensable pour traverser les obstacles et assurer la durée de la relation amoureuse. Si les amoureux ajoutent à ce regard de discernement l'acceptation des contradictions et des ambivalences, ils se donnent un autre moyen important pour atteindre la maturité de leur relation.

L'acceptation des contradictions et des ambivalences

Dans la relation amoureuse, chaque conjoint a tendance à enfermer l'autre dans des caractéristiques bien précises pour se sécuriser. Positives ou négatives, ces caractéristiques ont pour effet d'emprisonner l'être aimé dans un moule duquel il est difficile de sortir.

Réjeanne, qui a été marquée par la violence de son père, était très sensible à la colère. C'est pourquoi elle s'était attachée à Luc qui, par sa nature douce et chaleureuse, avait conquis son cœur. Avec lui, elle se sentait heureuse et protégée jusqu'au jour où, poussé à bout par les caprices de son fils, il éleva le ton et exprima clairement sa colère. Surprise, Réjeanne eut peur et s'est tue pour éviter ce qui, dans son expérience, se transformait toujours en catastrophe.

À la suite de cet événement, elle lui dit sur un ton de reproche :

— Je croyais que j'avais épousé un homme bon et doux mais je me rends compte aujourd'hui que je m'étais trompée, tu es plutôt agressif.

— Il est vrai, lui répondit Luc, qu'il m'arrive de ressentir et d'exprimer de la colère mais cela n'enlève rien à ma douceur.

Luc a été honnête et a mis Réjeanne devant la réalité. Il y a, en effet, en l'être humain des tendances contradictoires qui se manifestent constamment dans les relations affectives.

Jung, le maître des archétypes, a bien démontré l'importance d'accueillir les forces contraires qui nous habitent pour vivre en harmonie avec nous-mêmes et avec les autres. Ainsi, nous sommes :

- douceur et agressivité
- peur et courage
- amour et indifférence
- générosité et égoïsme
- compréhension et intolérance
- tristesse et joie.

Il s'agit là de polarités énergétiques complémentaires qui nous rendent vivants. Chaque polarité a sa force et sa faiblesse. L'être trop doux risque de se laisser dominer. Il a besoin d'agressivité créatrice pour s'affirmer. Par contre, si l'agressivité devient destructrice, il a besoin de douceur pour la tempérer. C'est en acceptant ces forces contradictoires, en acceptant les ambivalences qui en résultent que les couples peuvent mieux communiquer.

Réjeanne avait idéalisé Luc et l'avait enfermé dans le moule de l'homme exclusivement doux alors qu'en réalité, il était colérique de temps en temps. Mais accueillir son mari tel qu'il était, c'était, pour cette femme, ouvrir la porte à ses propres contradictions. Elle, généralement si compréhensive, ne faisait-elle pas face à son intolérance à certains moments et n'avait-elle pas une attitude « jugeante » et « rejetante » devant les comportements agressifs de son conjoint ?

L'être que vous aimez n'est ni un dieu ni un démon. Il est humain comme vous. L'aimer vraiment tel qu'il est réellement, c'est accueillir ses forces contradictoires aussi bien que les vôtres et surtout refuser de le réduire à des caractéristiques unipolaires qui le barricadent dans une matrice qui l'empêche d'exister pleinement et qui tue l'amour et la passion. C'est, en effet, la conjonction assumée des contraires qui suscite l'élan vital et qui rend la vie créatrice. En acceptant cette réalité, les conjoints se donnent un outil de plus pour traverser l'épreuve du temps parce que cet accueil de la nature humaine facilite l'expression de la vérité à propos des faits et des sentiments.

L'expression de la vérité à propos des faits et des sentiments

L'un des plus grands destructeurs d'amour et de passion dans la relation amoureuse est le ménagement. Par peur de blesser, de perdre, d'être jugés ou trahis, les amoureux refoulent leurs véritables émotions et déforment plus ou moins les faits. Conséquemment, ils sont séparés par un fossé de non-dits, de refoulements et même de mensonges qui finit par les empêcher de se rencontrer dans la profondeur de l'intimité.

Construire une relation sur le ménagement, c'est la rendre fragile et souffrante parce que ce mécanisme de défense entretient le manque de confiance en soi et en l'autre. Lorsqu'un conjoint n'exprime pas authentiquement ses émotions, ses désirs et ses besoins et qu'il ne dit pas honnêtement la vérité à propos des faits et des situations pour ne pas faire souffrir l'être aimé, il se ménage lui-même en réalité. Il le fait pour ne pas faire face à la réaction de l'autre. En fait, il ne fait pas confiance à ses propres forces psychiques et, conséquemment, il doute des ressources intérieures de son partenaire amoureux. Ainsi, chacun cultive et approfondit chez l'autre le sentiment d'anxiété et de doute par rapport à lui-même et dépense une grande quantité d'énergie à refouler son vécu et à trouver des subterfuges pour échapper aux émotions désagréables.

Si ces attitudes et ces comportements ont pour conséquence à court terme de réduire les conflits, ils entraînent à long terme des souffrances beaucoup plus profondes puisqu'ils fondent la relation sur la non-confiance. Chacun perd confiance en sa capacité d'affronter la vérité. De plus, le non-dit et le mensonge sèment le doute par rapport à l'autre et ce doute est porteur d'une insécurité qui devient de plus en plus intense et de plus en plus destructrice de soi-même et de la relation.

L'amoureux qu'on ménage est envahi par un déchirement intérieur qui le blesse beaucoup plus que ne pourrait le faire l'expression juste de la vérité. Il est déchiré entre ce qu'il entend et ce qu'il perçoit, entre les mots et le ressenti, entre la tête et le cœur. Il ne sait trop qui croire : l'autre ou lui-même. Doit-il se fier à ce qu'on lui dit ou à ce qu'il sent? Ainsi tiraillé, il finit par perdre confiance en l'autre et en ses propres perceptions. Il n'a plus de repères.

C'est d'ailleurs ce qu'a vécu Éloïse dans sa relation avec Fernand. Surprotégée dans sa famille par des parents qui ne supportaient pas de la voir souffrir, Éloïse s'est attiré un homme avec lequel elle a répété le système développé dans son milieu familial. De nature plutôt paternaliste, Fernand faisait tout pour qu'elle ne ressente aucun malaise. Malgré ses efforts, Éloïse n'était pas heureuse. Elle était toujours triste et insatisfaite. Les attentions de son mari ne comblaient pas son besoin d'amour. Elle était même souvent agacée par son empressement à l'aider et se sentait envahie par sa grande sollicitude. Cependant, elle était incapable de lui exprimer son impatience, son mécontentement et même son envie fréquente de le repousser et de le rejeter. Elle le subissait comme elle avait subi ses parents pour ne pas le blesser. Elle se sentait d'ailleurs tellement coupable et ingrate de ressentir de tels sentiments envers cet homme si généreux et si attentionné.

Leur relation perdit petit à petit de sa passion. Après trois années de vie commune, Éloïse ne ressentait plus d'amour pour son mari. Elle ne pouvait s'imaginer passer le reste de sa vie avec un homme envers lequel elle n'avait plus de sentiment amoureux. Il a fallu qu'elle atteigne cette étape où le refoulement finit par anesthésier l'amour, pour exprimer authentiquement à Fernand les émotions réelles qui l'habitaient. Ses aveux blessèrent son mari mais ils eurent pour avantage de ramener le couple dans la réalité. La franchise d'Éloïse eut un effet contagieux. Elle ouvrit le cœur de son conjoint qui lui révéla aussi sa vérité profonde à propos de leur relation. Il agissait envers elle comme un père avec sa fille plutôt que comme un homme envers une femme. Il la prenait en charge pour l'empêcher de souffrir. Il ressentait de l'affection pour elle mais il n'était pas amoureux. Il lui annonça même ce jour-là qu'il y avait dans sa vie une autre femme qu'il voyait de temps en temps parce qu'avec elle, il se sentait plus viril, plus mâle.

En fait, Éloïse et Fernand entretenaient une relation du genre « père/fille » pour éviter de se blesser l'un l'autre. Ils n'étaient pas conscients qu'ils détruisaient leur couple. D'ailleurs, ce genre de système relationnel est présent dans un bon nombre de relations amoureuses. Dans plusieurs cas, c'est la femme qui devient la mère de son conjoint, qui le ménage et le prend en charge. Il en résulte des malaises de plus en plus grands que chacun tente de faire disparaître par plus de ménagement et de prise en charge. Les conjoints se créent ainsi une relation où ils ne sont pas heureux parce qu'ils ont fondé leur communication sur la fausseté plutôt que sur la vérité. Beaucoup de couples nourrissent ce système pendant des années parce qu'ils ont peur de perdre l'autre. Ils ne se rendent pas compte qu'en réalité, ils perdent beaucoup plus. Ils se privent d'une relation de confiance fondée sur la sécurité, l'amour et la liberté.

Être authentique et honnête à propos des faits et de sa vérité profonde, c'est prendre un risque évident dans une relation affective. Il est en effet possible de perdre l'être aimé ou de perdre le calme apparent de la relation, du moins pour un temps. Mais ce qu'on y gagne en vaut la peine.

En plus de se donner le cadeau d'être libres et de rester eux-mêmes, les conjoints qui s'expriment authentiquement sans ménagement mais avec responsabilité prennent aussi le risque de se rapprocher, de réanimer le sentiment amoureux et de recréer la passion de vivre dans leur relation.

C'est ce qui arriva à Éloïse et Fernand. Ils se rendirent compte, après s'être livrés, qu'ils se sentaient dégagés d'une pression intérieure qui les étouffait. La levée de cette pression fit place à de nouveaux sentiments, particulièrement à l'espoir. Ils ont dû cependant apprendre à se faire confiance mutuellement et à cultiver le courage d'être vrai. Ce travail d'apprentissage ne tient pas de la magie.

Il demande le temps de vivre le processus d'adaptation à une nouvelle façon d'être en relation. Il exige aussi des conjoints de ne pas s'imposer un changement radical. L'évolution d'un couple vers sa maturité nécessite que les deux amoureux se donnent du temps et qu'ils acceptent de faire les efforts indispensables pour trouver le bonheur de vivre ensemble. Il est normal qu'ils aient tendance à retomber spontanément dans leurs vieux modèles de fonctionnement. Cela ne doit pas les décourager. Il est naturel d'emprunter automatiquement des routes déjà défrichées. Quand cela se produit, il suffit d'en prendre conscience, de ne pas se juger et de reprendre le nouveau chemin qui est tout simplement celui de la réalité.

Le bonheur durable du couple est impossible en dehors de la réalité.

Vouloir être vraiment heureux dans une relation amoureuse c'est composer avec la différence de l'autre, c'est aussi choisir consciemment de se donner la main pour traverser les obstacles inévitables de tout parcours amoureux. Vouloir être heureux ensemble, c'est accepter que l'amour humain comprend des moments de souffrance qui font évoluer le couple si les conjoints reconnaissent l'importance de vivre la relation amoureuse comme un processus de transformation progressive vers un mieux-être. Ce cheminement à deux sur la voie de la réalité est le seul qui a conduit les couples vers un accomplissement qui rend leur relation fondamentalement harmonieuse. Cet accomplissement ne peut s'atteindre sans engagement.

Chapitre 3
L'engagement

De moins en moins de personnes sont prêtes à s'engager sérieusement dans une relation de couple parce que le taux de séparations et de divorces est trop élevé dans nos sociétés et parce qu'un nombre grandissant d'unions sont malheureuses. Ces personnes ne sont pas conscientes que l'une des plus importantes causes de l'échec des relations amoureuses est précisément le manque d'engagement. En fait, il y a une différence remarquable entre une relation de couple sans engagement et une relation de couple où les deux conjoints ont choisi de s'engager vraiment l'un envers l'autre. La différence se situe au niveau de la qualité de la relation et de son potentiel de pérennité.

En réalité, l'engagement est l'un des plus importants facteurs de réussite de la vie amoureuse et tous les couples heureux que j'ai rencontrés ont fondé un jour ou l'autre leur relation sur une promesse de fidélité.

Telle fut l'histoire amoureuse de Pierre et de Blanche qui se sont connus dans le décor exotique d'un voyage à Tahiti. Leur idylle commença sur un nuage de rêves, loin des préoccupations de la vie quotidienne dans une atmosphère romantique où tout était agréable et facile. Ils baignaient dans un bonheur fait d'amour passionné et dans un environnement qui leur semblait féerique.

Tous les éléments de la première étape de la relation amoureuse étaient réunis pour rendre ces moments parfaits. Dans l'enthousiasme des premières découvertes, ils étaient convaincus qu'ils ne rencontreraient plus personne d'aussi extraordinaire et qu'ils seraient enfin heureux dans une relation de couple.

Le retour à la réalité dans leur pays ne se passa pas comme ils l'avaient imaginé. Blanche, qui avait très hâte de rencontrer la fille de Pierre se trouva confrontée à une enfant capricieuse, gâtée et indisciplinée. De son côté, Pierre fut profondément perturbé lorsqu'il découvrit la nature farouchement indépendante et séductrice de cette femme qui faisait en sorte d'attirer vers elle tous les regards masculins. Devant de tels obstacles et malgré la forte attirance qu'ils avaient l'un pour l'autre, ils furent fortement tentés de fuir cette relation qui s'annonçait difficile à vivre. Ils avaient vu l'amour comme une oasis dans leur vie et ils avaient voulu oublier le désert. Par peur de souffrir, ils mirent un pied dans la relation et l'autre à l'extérieur. Ils avancèrent ainsi cahin-caha pendant quelques mois dans une relation où chaque pas en avant était suivi d'un pas en arrière, chacun faisant sa vie de son côté. Ils ne voulaient rien partager pour ne pas perdre leur liberté et pour ne pas souffrir. Mis à part leur intérêt commun pour les voyages et la musique, leur vie amoureuse reposait surtout sur la sexualité. Ils n'osaient pas faire de projets ensemble pour ne pas être emprisonnés l'un par l'autre.

Cette situation durait depuis plus de deux ans quand Pierre ressentit une profonde tristesse et une certaine lassitude. Il avait le sentiment de tourner en rond dans sa relation amoureuse et ne se sentait aucunement nourri dans cette vie de couple où chacun vivait en n'accordant que quelques moments à l'autre pour le rencontrer. Il parla avec Blanche de ses malaises et lui proposa d'emménager avec lui dans son appartement afin de former un vrai couple et une vraie famille. Malgré ses réticences, elle décida de tenter l'expérience. Elle était prête à faire un essai mais se laissait une porte ouverte si cette nouvelle expérience ne lui convenait pas. Évidemment, dès qu'elle rencontra une première difficulté, Blanche repartit dans sa maison de campagne avec la conviction que « les hommes » étaient trop possessifs et trop conventionnels pour comprendre sa nature de femme « libérée ».

Au moment de son départ, Pierre crut que leur relation était terminée mais il ne put résister quand, quelques jours plus tard, Blanche le rappela pour lui fixer un rendez-vous. Dépendant de sa forte attraction pour cette jolie femme et de son attachement, il accepta de poursuivre cette relation comme elle était auparavant. Mais il n'était pas vraiment heureux. En fait, Blanche et Pierre s'aimaient mais ils ne voulaient pas s'engager pour ne pas souffrir. Ce fonctionnement relationnel insatisfaisant dura jusqu'au jour où Pierre prit conscience que sa relation avec Blanche le plaçait dans un état de manque affectif et d'insécurité qui l'empêchait d'aimer la vie. Il découvrit que cette histoire d'amour le détruisait beaucoup plus qu'elle le construisait. Il prit alors la décision ferme de la quitter.

Ils passèrent plus d'un mois sans se revoir. Bien qu'elle lui manquait, Pierre ne regrettait pas d'avoir rompu avec cette femme avec laquelle il n'était plus heureux. Il avait besoin d'une relation plus solide, plus engagée. C'était devenu une question d'amour et de respect de lui-même. De son côté, Blanche se rendit compte qu'elle ne pouvait imaginer sa vie sans cet homme qu'elle avait rencontré dans le paysage fleuri de Tahiti. Elle avait besoin de lui, elle en était sûre. Elle savait que lui téléphoner ou lui écrire ne servirait à rien. Il ne répondrait pas. Elle décida donc de l'attendre à sa sortie du bureau.

Après l'avoir ignorée et repoussée, il accepta de lui accorder quelques minutes dans un café. Il ne se doutait pas qu'à ce moment-là, la femme qu'il aimait toujours allait enfin s'engager pleinement avec lui.

Quand ils me racontèrent leur histoire, Blanche et Pierre vivaient ensemble une vie amoureuse heureuse qui durait depuis plus de quinze ans. Ils avaient eu deux enfants ensemble et Blanche avait appris à découvrir et à aimer Christine, la fille de Pierre, parce qu'elle avait décidé qu'elle prendrait tous les moyens pour développer une relation harmonieuse avec elle. Ils ont, bien sûr, rencontré certains obstacles. Ils ont dû apprendre à composer avec leurs différences et ont travaillé très fort pour former une famille unie. Aujourd'hui, ils sont fiers de leur cheminement et ils ne cessent de répéter que c'est l'engagement qui a sauvé leur relation et les a rendus heureux.

Cette histoire que j'ai racontée intégralement en changeant leurs prénoms, avec l'accord de Pierre et Blanche, aurait pu avoir une triste fin. Elle ressemble, en effet, à celle de beaucoup de couples qui veulent profiter des avantages de la relation amoureuse sans faire face aux difficultés de parcours et qui, conséquemment, se quittent avant d'entreprendre l'étape qui les mènerait vers la maturité, celle de l'engagement.

Il n'y a pas beaucoup de couples heureux sans engagement. C'est pourquoi je consacre un chapitre pour traiter de ce sujet fondamental dans lequel je commencerai par dire ce que comprend cette promesse de liaison pour ensuite parler des trois formes d'engagement essentielles au bonheur des conjoints :

- l'engagement envers soi-même,
- l'engagement envers l'autre,
- l'engagement envers la relation.

Ce que signifie « s'engager »

Dans la réalité concrète, que signifie l'expression « s'engager » dans une vie de couple ?

S'engager, c'est, d'abord et avant tout, choisir consciemment de s'attacher à l'autre, de lui rester fidèle, de s'investir dans la relation, de faire en sorte qu'on puisse lui inspirer confiance, de demeurer avec lui dans les moments difficiles et de cultiver le sentiment amoureux.

L'engagement est une promesse que l'on se fait consciemment à soi-même et que l'on fait à l'autre, une promesse sincère, une promesse d'investissement, de fidélité et de partage, une promesse qui résulte d'un choix conscient et délibéré. Il ne s'agit pas de se laisser attacher par la personne aimée et de se sentir pris par l'amour mais de faire le choix, quand les émotions de l'attraction nous envahissent, de ne pas être dépendants de ce que nous ressentons mais d'en devenir maîtres.

Je ne peux ici passer sous silence l'histoire de milliers de personnes qui ont le sentiment de perdre leur liberté dans la relation amoureuse parce qu'elles se laissent mener par leurs impulsions.

> Ce fut le cas de Gilles qui s'emballait au premier battement de cœur et qui se laissait emporter par le tourbillon de ses émotions dans des relations toutes plus décevantes les unes que les autres. Chaque fois, il se retirait du parcours parce qu'il se sentait pris, attaché par l'être aimé. Ne se sentant plus libre, il quittait sa compagne pour recommencer avec une autre le même scénario. Gilles n'était pas maître de lui-même. Il se laissait mener par ses propres forces émotionnelles et sensorielles.

Devenir maître de soi-même ne signifie pas qu'il faille refouler, contrôler ou rationaliser le vécu émotionnel déclenché par la personne qui nous plaît. Il est essentiel, au contraire, d'accueillir ce chaos intérieur, de lui donner sa place mais sans perdre la conscience de ce qui se passe en soi et en dehors de soi. C'est cette conscience constamment éveillée de ce qui nous habite et de ce qui nous entoure qui nous permet d'écouter et d'identifier nos bouillonnements intérieurs et d'observer l'homme ou la femme qui les déclenche. Ainsi, au lieu d'être les dominateurs supérieurs qui jugent, répriment ou rationalisent nos vécus ou encore, au lieu d'être les esclaves de nos émotions et de nos sensations en nous laissant attacher par l'autre, nous pouvons associer le langage du corps et du cœur à celui de la raison.

Il nous sera possible alors de faire nous-mêmes le choix conscient et responsable de nous attacher à la personne aimée et, conséquemment, de vivre avec elle les meilleures conséquences de l'engagement.

Conséquences de l'engagement

Choisir de s'attacher, c'est s'abandonner à l'amour avec tout ce qu'il comporte de nourrissant et de propulsif, mais aussi avec ce qu'il comprend de douleurs créatrices. Un tel choix a pour avantage de fonder la relation amoureuse sur la réalité plutôt que sur l'illusion d'un amour sans nuages.

De toute façon, il y a souvent autant de souffrances et moins de satisfaction à vivre seul, sans attachement, qu'à s'engager dans une vie à deux. De plus, le choix conscient de s'attacher et de s'engager procure un sentiment profond de liberté et fait disparaître l'ambivalence.

Celui qui s'engage ne remet pas sa relation en question à chaque fois qu'il rencontre un obstacle ou à chaque fois qu'il rencontre une femme ou un homme qui lui plaît.

Il a compris que sa liberté consistait dans le fait de choisir et qu'il devait vivre avec les conséquences de son choix. Ainsi, les amoureux peuvent connaître le bonheur de construire quelque chose ensemble en franchissant les difficultés. Ceux qui ne s'engagent pas ne font pas l'effort de traverser les obstacles, ce qui les empêche d'enraciner leur amour, de s'investir dans des projets communs et d'atteindre la maturité des couples qui ont évolué en bâtissant ensemble leur relation et en créant le monde autour d'eux.

Une relation de couple vécue dans l'engagement des deux partenaires est une relation où il y a beaucoup moins de conflits parce qu'elle est fondée sur la sécurité affective et sur la confiance mutuelle.

Il s'agit là d'éléments indispensables au bonheur durable des couples. Mais ce bonheur ne pourra être atteint si chacun des amoureux ne s'engage pas d'abord envers lui-même.

L'engagement envers soi

Pourquoi existe-t-il de nombreux amoureux qui s'engagent avec sincérité et bonne volonté et qui n'arrivent pas à respecter leurs engagements ? Ce problème se rencontre non seulement dans les relations amoureuses mais dans toutes les relations humaines y compris les relations éducatives et professionnelles.

Lorsque l'un des amoureux brise son engagement envers l'autre, il place la relation sur une base d'insécurité qui ébranle progressivement la confiance et finit par détruire les liens qui les unissaient.

Voilà pourquoi, il est si important de s'engager d'abord envers soi-même avant de s'engager dans une relation de couple. Cet engagement passe par l'amour de soi, le souci d'autonomie et la responsabilité.

L'amour de soi

Il est impossible d'aimer vraiment l'autre sans amour de soi. Sans cet amour pour soi-même, l'attention que l'un des conjoints porte

à l'autre est égoïste en ce sens qu'elle a pour but de combler son propre manque affectif plutôt que de vivre un amour partagé.

Un tel amoureux sera centré sur lui-même et aura du mal à tenir compte de l'autre comme en témoigne l'expérience éprouvante de Céline et d'Anne.

Elles s'étaient connues à l'université. Le fait qu'elles aient le même âge, qu'elles aiment toutes les deux la peinture, la campagne, les randonnées pédestres et qu'elles soient inscrites en pédagogie dans la même faculté était pour elles un signe évident qu'elles étaient faites pour vivre ensemble. Comme dans la plupart des histoires amoureuses, leur relation connut un départ heureux. Mais une ombre apparut progressivement au tableau de leur amour. Elle se pointa lorsqu'un matin de printemps, Anne, qui s'était engagée à passer un week-end calme à la campagne avec Céline, lui annonça, à quelques heures du départ, qu'elle n'irait pas au chalet parce que sa sœur venait de lui offrir un billet pour aller voir Notre-Dame de Paris au Théâtre Saint-Denis, une comédie musicale dans un des plus fameux théâtres de la ville. C'était une chance inouïe pour elle d'assister à ce spectacle. Aussi, était-elle certaine que Céline comprendrait sa décision et accepterait de reporter leur projet à la fin de semaine suivante.

Devant l'annonce inattendue d'une telle nouvelle, Céline ressentit un profond malaise qu'elle ne put identifier. Ce n'est qu'au moment où elle se retrouva seule qu'elle prit conscience qu'elle se sentait abandonnée et pas du tout importante pour son amoureuse. En fait, Anne avait brisé son engagement sans tenir compte de sa conjointe. Elle n'avait pensé qu'à elle-même.

Est-ce dire qu'une personne ne peut jamais se désengager dans ses relations affectives ?

Dans certains cas, briser un engagement, c'est choisir d'être heureux. Si une personne se rend compte qu'elle se détruit dans sa relation de couple parce que son conjoint est violent, alcoolique ou qu'il ne l'aime pas et ne s'intéresse pas du tout à elle, il est normal dans son intérêt qu'elle rompe sa promesse de rester dans la relation. C'est une question d'amour de soi. Par contre, si elle décide de partir chaque fois qu'elle rencontre un obstacle, elle ne connaîtra jamais le bonheur d'atteindre la maturité de sa vie amoureuse.

Mais si une relation de couple heureux commence par un engagement global sincère, elle se poursuit par d'autres petits engagements de parcours comme, par exemple, celui de garder la confidentialité sur certains sujets ou celui de s'accorder une soirée de sortie par semaine.

L'engagement ne doit pas être un emprisonnement mais le résultat d'un choix conscient.

Cependant, il peut arriver qu'après s'être engagé avec son conjoint sur un point particulier, de nouvelles circonstances interviennent et suscitent une remise en question de l'engagement. C'est ce qui arriva à Anne. Sa sœur aînée lui offrit la chance exceptionnelle d'assister gratuitement à un spectacle qu'elle rêvait de voir depuis longtemps. Que faire? Bien sûr, son engagement premier avec Céline devait rester prioritaire même s'il lui en coûtait de manquer ce spectacle. Aussi, vu son grand désir d'accepter l'offre de sa sœur, elle aurait pu aborder Céline autrement. Plutôt que de la mettre devant le fait établi d'une décision prise à partir de ses seuls désirs, Anne aurait pu, par exemple, s'adresser à sa conjointe de la manière suivante :

— Je sais que je suis engagée avec toi pour le week-end et j'ai très envie de passer deux jours à la campagne en ta compagnie. Mais ce matin, ma sœur m'a téléphoné pour m'offrir un billet pour le spectacle de Notre-Dame de Paris, demain soir. Son mari est malade et ne peut l'accompagner. J'ai très envie d'y aller. Serait-ce un problème pour toi de reporter notre projet à la fin de semaine prochaine ?

Malheureusement, Anne ne pouvait tenir ce langage à Céline parce qu'elle était exclusivement centrée sur ses propres besoins. Elle n'était pas capable d'aimer vraiment parce qu'elle ne s'aimait pas elle-même : elle avait appris à se servir des autres pour combler ses manques affectifs. Elle n'était pas consciente que ce comportement lui attirait le contraire de ce qu'elle recherchait. En effet, au lieu de susciter l'amour à long terme dans le cœur des personnes de son entourage, elle finissait par l'éteindre.

Il est donc fondamental de cultiver cet amour de soi qui est bien différent de l'égoïsme.

L'être égoïste est centré sur lui-même. Il ne tient pas compte des autres. Celui qui s'aime vraiment est capable d'accorder de l'attention et de l'importance aux autres parce qu'il sait s'occuper de ses priorités et de ses besoins dans la relation amoureuse.

Lorsque j'ai rencontré Luce pour la première fois, elle venait de vivre une longue et douloureuse période de séparation. Elle avait connu Albert sept ans plus tôt. C'était le grand amour. Ils voulaient tous les deux s'investir à fond dans une vie de couple et avoir des enfants. Par peur de perdre l'homme qu'elle aimait, elle avait accepté de quitter son travail et d'assurer une présence continue auprès des petits au moins jusqu'à ce qu'ils aillent à l'école maternelle. Elle avait eu beaucoup de mal à faire cette promesse à Albert parce qu'elle adorait son travail. Secrétaire de la directrice du personnel d'une grande entreprise, elle était aimée et respectée de tous parce qu'elle savait créer des liens harmonieux entre les gens. Elle était heureuse et se réalisait pleinement dans ce lieu où elle rencontrait quotidiennement des personnes qui la nourrissaient affectivement et la rendaient vivante.

Pour laisser son emploi sur une aussi longue période, elle devait démissionner, ce qu'elle fit trois mois avant la naissance de leur premier enfant.

Dès les premières semaines après son départ de l'entreprise, elle sentit la souffrance de l'ennui et de la solitude. Sa fille ne réussissait pas à combler son besoin d'action, de relation et de réalisation. Elle développa progressivement du ressentiment envers elle et envers son mari qui n'acceptait pas de confier l'enfant à d'autres personnes que leur mère. Il était profondément convaincu que les petits avaient besoin de la présence totale de leur maman jusqu'à ce qu'ils commencent l'école. Il refusait toute discussion à ce propos quand Luce soulevait le sujet. Cet homme ne se rendait pas compte que ses enfants allaient subir la présence constante d'une mère malheureuse, frustrée et de plus en plus dépressive. Quand il réalisa son erreur, il était trop tard. Luce avait pris la décision ferme de reprendre son travail et de le quitter.

En réalité, cette femme épanouie avait épousé un homme narcissique, centré sur lui-même qui se déculpabilisait de ses absences en exigeant que son épouse assume seule la tâche de ménagère et d'éducatrice. Luce s'était engagée avec un homme égoïste qui ne pouvait tenir compte des autres parce qu'elle avait négligé de s'engager envers elle-même avant de se lier à lui. Elle avait sacrifié une de ses grandes priorités qui était de continuer à travailler. Elle avait besoin de cet emploi pour s'épanouir et être heureuse. En choisissant de garder son poste de directrice du personnel, elle aurait risqué de perdre Albert mais, en s'engageant avec lui sans respecter ses propres besoins fondamentaux, elle avait manqué d'amour d'elle-même et s'était trahie. Conséquemment, elle a perdu Albert de toute façon, en plus de se créer des années de souffrance par l'abnégation.

S'engager dans une relation amoureuse ne peut conduire au bonheur si chacun des conjoints nie ses priorités par peur de perdre l'autre.

C'est ce qui est arrivé à Nathalie qui, depuis son enfance, rêvait de devenir mère. Lorsqu'elle rencontra Jean-Yves, sa vie se transforma, surtout lorsqu'il lui annonça sa décision de ne pas avoir d'enfant. Il voulait consacrer sa vie à la recherche sur le cancer et à tous ces malades qu'il suivait avec un intérêt particulier. Médecin elle aussi, elle a cru qu'il lui suffirait de partager le projet de son mari pour être heureuse. Elle étouffa son propre rêve et assista Jean-Yves dans sa démarche, mais son cœur n'y était pas. Elle n'arrivait pas à faire le deuil de prendre son enfant dans ses bras et de le bercer. Son désir d'être mère ne la quittait pas. Elle tenta à plusieurs reprises d'en parler à son mari qui refusait même de l'entendre. Il avait été clair avec elle, il ne voulait plus remettre ce sujet en question.

Effectivement, Jean-Yves avait su poser clairement ses priorités, ce que Nathalie n'avait pas fait, croyant naïvement que son amour pour cet homme allait lui faire oublier son rêve. Par manque d'amour d'elle-même, elle avait perdu la joie de vivre en s'engageant sur une voie qui n'était pas la sienne. Résignée à sacrifier son rêve au début de leur relation, elle finit par prendre conscience que, pour exister et être heureuse, elle devait s'occuper de cette priorité qu'elle avait négligée par amour pour Jean-Yves. Elle lui posa donc une limite claire. Elle ne voulait pas le forcer mais son désir d'enfant était prioritaire. Elle ne pouvait plus l'aimer sans réaliser ce rêve parce que c'était une question d'amour d'elle-même.

Jean-Yves n'était pas un homme insensible. La limite de son épouse le bouleversa complètement. Il comprit qu'il pouvait la perdre s'il ne partageait pas son rêve. Il était conscient qu'elle n'était pas heureuse sans enfant mais il ne voulait pas répondre à son besoin uniquement par peur de la perdre. C'est lui qui en aurait souffert. Il voulait le faire sans se nier lui-même. Aussi, se mit-il pour la première fois de sa vie à envisager l'idée d'être père. Cette idée ne l'embarrassa pas comme il le croyait. Il arrivait même à s'imaginer en train de jouer avec son enfant, en train de lui apprendre des milliers de choses sur la médecine et sur la vie. Ces pensées le rendaient heureux. Aussi, quand il accepta de fonder une famille avec Nathalie, Jean-Yves avait peur mais il savait qu'il le faisait aussi pour lui-même et non seulement pour faire plaisir à la femme qu'il aimait.

Quand ils m'ont raconté leur histoire, Nathalie et Jean-Yves avaient deux enfants de huit et dix ans. J'ai été profondément touchée d'entendre ce père d'abord récalcitrant me parler de ses fils avec autant d'amour et me dire à quel point ils remplissaient sa vie et lui donnaient son véritable sens. Nathalie, pour sa part, était vraiment contente d'avoir eu assez d'amour d'elle-même pour s'occuper de ce qui était pour elle une priorité. La naissance des enfants avait changé leur relation. Avant leur arrivée, Jean-Yves était engagé surtout dans le travail, aussi, négligeait-il considérablement sa relation de couple. Le fait de devenir père assura un équilibre dans sa vie. Il se rapprocha de Nathalie et prit davantage en considération sa relation avec elle. Il lui était grandement reconnaissant de ne pas avoir sacrifié son rêve. En agissant par amour pour elle-même, elle avait gagné l'amour de son mari et s'était créé la famille qu'elle voulait.

Cette histoire, tout comme celle de Luce et d'Albert, nous montre l'importance de s'engager envers soi-même pour vivre un engagement solide dans la relation amoureuse. Cet engagement à l'amour de soi ne se limite pas uniquement au fait de s'occuper de ses priorités. Il nécessite aussi, comme le dit si bien Albisetti, de « *refuser tout compromis qui entrave la progression psychologique et spirituelle, qui empêche d'être bien avec soi-même, qui limite sa propre liberté intérieure, qui fait disparaître les valeurs sur lesquelles est fondée sa propre personnalité* (*telles que l'honnêteté, la loyauté, la sincérité, le sens de l'amitié, le sens du devoir, l'incorruptibilité, etc.*) *La liberté personnelle et la capacité à être bien avec soi-même sont des éléments irremplaçables, indispensables qui ne peuvent être négociés et qui sont absolument déterminants pour son propre équilibre psychologique, pour sa vie même. Si l'on n'est pas en accord avec soi-même, on ne peut aller nulle part et encore moins aimer une autre personne* ».[10]

C'est pourquoi il est essentiel que les conjoints apprennent à se connaître, à connaître leurs valeurs

10 Albisetti, V. *Mieux vivre en couple, p.* 67

personnelles et leurs priorités pour s'engager dans le respect de ce qu'ils sont. Autrement, leur amour s'effritera parce qu'ils n'auront pas tenu compte d'eux-mêmes. S'il est nécessaire de cultiver l'amour de soi pour s'engager et trouver le bonheur dans une relation de couple, il importe aussi que chaque amoureux développe l'autonomie et la responsabilité.

L'autonomie et la responsabilité

La Révolution tranquille des années 60 au Québec de même que l'évolution du féminisme ont eu un fort impact sur la relation de couple. Bien que nécessaires et globalement très bénéfiques, ces deux avènements ont eu aussi leurs pendants négatifs, particulièrement en ce qui concerne les interprétations qui ont été faites de la notion d'autonomie. Comme nous sortions d'une longue période de dépendance et de soumission, nous avions un besoin vital de trouver l'autonomie tant recherchée. Plusieurs ont cru qu'être autonomes, c'était pouvoir se débrouiller seuls et ne plus avoir besoin des autres. Certaines relations amoureuses furent marquées par le déchirement. Plusieurs conjoints se sentaient partagés entre leur besoin d'amour et leur besoin de liberté. Au nom de l'autonomie, ils se livraient des messages contradictoires qui les plaçaient dans une relation de dépendance malsaine par rapport à l'être aimé.

En quoi consiste la dépendance malsaine dans la relation de couple ? On la rencontre chez ceux qui, bien qu'indépendants financièrement, cherchent à se faire prendre en charge affectivement en attendant que le conjoint devine leurs besoins et s'en occupe. Elle est présente aussi chez ceux qui attribuent à l'autre la responsabilité de leurs souffrances, de leurs problèmes, de leurs choix, de leurs décisions, de leurs manques affectifs. Ceux-là perdent le pouvoir sur leur vie et en prennent sur la vie de l'autre qu'ils tentent inconsciemment de contrôler. Ils donnent à leur amoureux la responsabilité de leur bonheur et passent leur vie à essayer de le changer plutôt que de se changer eux-mêmes. Ils sont emprisonnés par leur irresponsabilité. Leur bonheur ne dépend pas d'eux-mêmes mais de l'être aimé. Ils sont donc dépendants et donnent inconsciemment à leur conjoint tous les pouvoirs sur leur vie affective.

Cette attitude se manifeste dans les détails de la vie quotidienne. En voici un exemple-type.

— Où as-tu mis mes lunettes, demande Olivier. Tu ranges tout et je ne trouve plus mes affaires.

En fait, Olivier n'assume pas le fait qu'il est désordonné, qu'il laisse tout traîner et qu'il bénéficie fréquemment de la nature rangée de sa femme. Il n'est pas conscient de sa dépendance. Pour sa part, Raymonde entretient ce fonctionnement en prenant son mari en charge plutôt que de le laisser vivre avec les conséquences de son désordre. Olivier n'est pas autonome. Il entretient avec son épouse une relation mère/fils plutôt qu'une relation de couple.

On ne peut être autonome dans la relation amoureuse sans prendre la responsabilité de ses actes, de ses émotions, de ses besoins. Celui qui prend cette responsabilité découvre le bonheur de l'attachement dans l'autonomie. Il crée dans sa relation amoureuse une forme d'interdépendance saine qui rend libre parce qu'elle ressemble à celle qui unit les éléments de la nature.

Comment l'interdépendance peut-elle être saine et rendre heureux? N'est-elle pas incompatible avec l'autonomie? Quelle est la différence entre l'interdépendance saine et la dépendance malsaine dont il a été question précédemment?

L'amoureux autonome affectivement reconnaît sans honte, si c'est le cas, qu'il a besoin de l'être aimé pour être heureux. Il accepte qu'il a besoin de son amour, de sa présence, de son écoute, de sa reconnaissance, de son support dans les situations difficiles. De plus, il prend la responsabilité de s'occuper lui-même de ses besoins en faisant des demandes claires plutôt que d'attendre que l'autre les devine.

Si je reviens sur ces thèmes déjà abordés, c'est qu'ils sont essentiels au bonheur du couple et que la répétition dans un autre contexte, avec d'autres exemples, favorise l'intégration.

Beaucoup de personnes se plaignent de manquer d'amour dans leurs relations affectives. Elles ont le sentiment de ne pas être vraiment aimées.

C'est d'ailleurs ce que ressentait Elsa. Elle faisait constamment des reproches à François au point qu'il ne savait plus comment la satisfaire. Elle l'accusait de manquer d'attention et de présence à son égard et d'aimer davantage son travail qu'elle-même. Il lui semblait, pour sa part, qu'il faisait tout pour lui plaire. De plus, lui aussi ne se sentait pas aimé d'elle.

En fait, Elsa faisait des reproches sans faire de demandes claires. François l'aimait mais il ne lui exprimait pas son amour comme elle aurait voulu qu'il le fasse parce qu'il ne savait pas vraiment ce qu'elle voulait. Il faisait les courses, passait l'aspirateur, gardait les enfants pendant qu'elle allait à ses cours de yoga, faisait la cuisine presque tous les soirs et lui exprimait sa tendresse par de douces caresses. Elle semblait ne rien voir et ne rien apprécier. Il était dépourvu. Pour la satisfaire, il avait besoin qu'elle lui dise ce qu'elle voulait. Au lieu de lui reprocher de ne pas l'aimer, Elsa devait identifier précisément ses vrais besoins. Comment voulait-elle que son mari lui manifeste son amour? Souhaitait-elle qu'il le fasse par des mots? Voulait-elle qu'il l'invite au restaurant ou qu'il l'amène danser? Préférait-elle un week-end d'amoureux à la campagne?

Identifier ses besoins précis et les exprimer à son conjoint, c'est choisir la voie de l'autonomie et de la satisfaction. Comme chacun s'exprime à partir de ce qu'il est et de ce qu'il aime, il est difficile d'être heureux si les amoureux ne prennent pas en charge leurs propres besoins. Cependant, pour être satisfait, le besoin doit être exprimé clairement. Dire «j'ai besoin d'être aimé», c'est beaucoup trop imprécis. «J'ai besoin que tu m'exprimes verbalement ton amour, que tu me dises ou m'écrives des mots d'amour», c'est beaucoup plus clair.

Une telle demande a beaucoup plus de chances d'être satisfaite parce qu'elle situe concrètement l'autre conjoint. Même s'il est libre d'y répondre par un oui ou par un non, il est sécurisé parce qu'il n'a pas le mandat implicite de deviner les désirs de l'autre.

Celui qui a développé l'amour de lui-même et l'autonomie n'a pas peur de l'intimité et de l'engagement parce qu'il sait qu'il ne perdra jamais la liberté d'être ce qu'il est. Ce conjoint-là saura s'affirmer, se donner le droit d'exister sans nier l'autre. Son engagement envers lui-même lui donnera les clés indispensables pour s'engager envers l'être qu'il aime.

L'engagement envers l'autre

S'engager envers l'autre, c'est :

- l'aimer vraiment;
- lui inspirer confiance;
- introduire la gratuité dans la relation;
- être fidèle.

Aimer vraiment

Suzanne avait trente-cinq ans. Physiquement, elle était une beauté exceptionnelle. Elle attirait tous les regards. Mais depuis plus d'un an, elle refusait toutes les invitations. Elle était déçue des hommes. Selon elle, ils étaient tous centrés sur eux-mêmes et ne connaissaient rien à l'amour et aux femmes. Plusieurs d'entre eux étaient passés dans sa vie depuis son adolescence. Elle avait connu chaque fois le rêve et la désillusion. Aussi, désespérée, elle avait finalement choisi de vivre seule. Cependant, Suzanne subissait sa solitude et elle n'était pas pleinement heureuse. Elle souffrait d'un manque affectif profond. Souvent, dans ses moments nostalgiques, elle se demandait pourquoi elle n'avait pas rencontré l'âme-sœur, la personne avec qui elle aurait tant souhaité partager sa vie, la personne qui l'aurait aimée vraiment.

Mais que veut dire « aimer vraiment » ?

Dans une relation de couple, aimer l'autre véritablement, c'est d'abord l'accepter tel qu'il est avec ses forces, ses faiblesses et ses limites sans avoir le projet de le changer. Il ne s'agit pas d'une acceptation conditionnelle ou temporaire mais bien définitive. Chercher l'homme parfait ou la femme idéale, c'est s'attirer à coup sûr une profonde déception. De plus, celui qui cherche la perfection est condamné à vivre seul parce que cette perfection n'existe pas sur le plan humain.

Aimer vraiment quelqu'un, c'est l'accueillir intégralement et définitivement. Généralement, ce que l'amoureux aime ce n'est pas son conjoint mais l'idéal de perfection qu'il a projeté sur lui. Ainsi, il ne voit pas l'autre tel qu'il est mais tel qu'il voudrait qu'il soit. Ce qui l'empêche de fonder une relation de couple heureuse, c'est qu'il manque d'amour véritable pour l'autre.

Le problème majeur qui se pose ici est, comme le dit si bien Harville HENDRIX, que

la majorité des personnes qui souhaitent vivre à deux veulent trouver le bon partenaire de vie plutôt que d'être le meilleur conjoint pour l'être aimé.

Ils veulent avoir l'amoureux ou l'amoureuse satisfaisant(e) plutôt que d'être cet être aimant et approprié qu'ils recherchent. Ils voient la relation de couple comme le moyen de combler leurs besoins affectifs, le moyen de recevoir plutôt que de donner. Ils se placent ainsi dans une position d'attente et de passivité qui les mène nécessairement à la désillusion parce qu'ils sont trop tournés vers eux-mêmes. En réalité, l'amour véritable est fait d'attentions pour l'être aimé. Celui qui aime vraiment sait prendre soin de l'autre, être présent à lui, lui consacrer du temps, lui donner de l'importance. La personne qui a développé l'amour d'elle-même sera plus en mesure d'être disponible à l'autre sans se sentir menacée parce qu'elle aura su d'abord s'occuper de ses propres besoins et de ses limites.

Souvent, les relations amoureuses se terminent ou se poursuivent dans la souffrance par manque d'amour véritable, de cet amour qui donne autant qu'il reçoit, de cet amour qui suscite la confiance.

Inspirer la confiance

Laurent était le seul garçon d'une famille de cinq enfants. Il était le cadet. Parce qu'il était le fils tant attendu, ses parents ont fait l'erreur de combler presque tous ses besoins. Quand il rencontra Camille, il était prêt à s'engager et à fonder une famille avec elle. Son désir était sincère mais Camille se rendit compte qu'il n'arrivait pas à tenir ses promesses et qu'il n'assumait pas sa responsabilité d'époux et de père. Les comportements irréfléchis de cet homme finirent par détruire sa confiance et par altérer l'amour qu'elle avait pour lui.

Il est très difficile, voire souvent impossible de construire une relation amoureuse sur le manque de confiance.

Un amour sans confiance en l'autre ne dure généralement pas parce qu'il est déclencheur d'insécurité chronique.

Dans la pyramide des besoins psychiques, Abraham Maslow a placé le besoin de sécurité à la base de sa structure. En fait, un amour sans un fondement de sécurité est source de souffrance profonde parce que la sécurité est la base sur laquelle le couple construit sa relation. Sans elle, il marche sur du sable et ce sable peut devenir mouvant. Il s'ensuit des peurs, des doutes, des angoisses qui font mal et qui tuent l'amour progressivement.

S'engager envers l'autre, c'est donc lui inspirer confiance, ce qui veut dire :

- respecter ses engagements ;
- être authentique ;
- assumer ses responsabilités ;
- dire la vérité ;
- respecter les secrets de l'intimité de la relation.

Chaque couple a son jardin secret, ce lieu intime de rencontre des cœurs et des corps qui n'appartient qu'aux amoureux. Ouvrir ce jardin sur la place publique sans le consentement de son partenaire, c'est trahir l'intimité du couple.

Un jour, Hélène surprit son mari en train de parler à ses amis de leurs ébats sexuels. Il y allait de détails précis concernant leur manière de faire l'amour. Il répétait les paroles qu'elle lui murmurait, mimait les sons qu'elle exprimait, sa façon de respirer quand elle jouissait. Elle fut tellement choquée par ces propos qu'elle figea sur place et ne sut réagir sur le moment. Elle avait le sentiment que sa vie privée ne lui appartenait plus. Elle se sentit trompée. Elle claqua la porte et se retira dans sa chambre.

Lorsque son conjoint revint vers elle ce jour-là, elle était froide, distante et fermée comme une huître. Elle mit du temps à s'ouvrir et des semaines avant de faire l'amour à nouveau. Son jeune conjoint n'avait pas voulu la trahir. Il souhaitait plutôt impressionner ses copains parce qu'il était fier d'avoir une femme aussi passionnée. La blessure d'Hélène était profonde et son refus de l'approcher fit souffrir l'homme qui l'aimait. Il avait agi innocemment sans se rendre compte qu'il avait dévoilé l'expérience intime qui leur appartenait. Il reconnut son erreur et en accepta les conséquences. Il dut reconquérir la confiance d'Hélène pour retrouver la femme ardente qu'il avait connue. Cet événement, bien que difficile à vivre, l'a rapproché de sa conjointe à long terme. Il a suscité la communication et a permis aux deux amoureux de se connaître mieux, ce qui a favorisé l'approfondissement de leurs liens. Ils ont tous les deux créé leur jardin secret et convenu que certains éléments de leur intimité ne devaient pas être dévoilés à moins qu'ils ne soient tous les deux d'accord.

Il est essentiel de construire une relation amoureuse sur la confiance. Le besoin de pouvoir se fier à l'autre est très fort en amour. Lorsque la confiance se perd, la vie du couple est fortement ébranlée et cela demande beaucoup de temps pour la retrouver. Si chaque conjoint s'engageait à inspirer confiance à l'être aimé et aussi à introduire la gratuité dans sa relation de couple, il y aurait beaucoup plus de couples heureux.

Introduire la gratuité dans la relation

Trop de relations amoureuses sont fondées sur le calcul. Le don sans attente de retour est souvent absent dans la vie de certains couples. C'est l'expérience que connaissent quotidiennement Fanny et Marcel. Ils calculent tout : le nombre de fois qu'ils font la lessive, le ménage, la cuisine, les courses. Ce comportement est tellement intégré qu'il n'y a aucune place pour faire plaisir et pour donner.

Introduire la gratuité dans la relation, c'est donner sans attendre de retour, donner du temps, rendre service, remplacer l'autre à la cuisine s'il est fatigué, même si ce n'était pas prévu ainsi. Introduire la gratuité, c'est aussi faire des surprises agréables à l'autre, lui apporter des fleurs sans raison, l'inviter au restaurant, lui préparer une soirée intime, cuisiner son plat préféré, lui organiser une fête ou lui offrir un massage.

Cette gratuité est difficile à intégrer pour certains conjoints qui sont trop centrés sur eux-mêmes.

> Il existe, en effet, des couples où les partenaires s'occupent tous les deux de l'un d'entre eux. C'est le cas de Bernard qui est centré uniquement sur les besoins de sa femme. Il est très attentif à elle et essaie de lui donner tout ce qu'elle veut. Il a épousé une personne qui ne pense qu'à elle. Ainsi, les deux conjoints sont centrés sur elle. Bernard s'oublie complètement pour la rendre heureuse. Elle ne se préoccupe à peu près jamais de lui faire plaisir.

Ce genre de relation est très répandu. L'un donne gratuitement à profusion et l'autre prend comme si c'était normal. Il n'y a pas vraiment de bonheur chez ces couples-là parce que celui qui reçoit n'est jamais satisfait et celui qui donne manque d'amour et de respect de lui-même. Pour être aimé, ce dernier n'a pas de limites. Un jour arrive où son cœur souffre parce qu'il se sent vide et sans importance. Même s'il ne calcule pas, il a aussi besoin de se nourrir et de recevoir. Un peu de gratitude lui ferait du bien. Mère Teresa, qui a donné sans compter une grande partie de sa vie, a été comblée par la reconnaissance qui lui venait de partout, autant des malades qu'elle soignait que du monde entier.

Le cœur humain a besoin de ces échanges qui l'habillent. Il a besoin de ces gestes et de ces mots gratuits qui expriment la tendresse, l'amour, la reconnaissance. Il y a dans l'amour véritable une ouverture au don gratuit qui vient du cœur de celui qui s'aime assez lui-même pour être capable de donner sans rendre l'autre redevable.

Ce don gratuit fait partie de l'engagement envers l'être aimé tout comme la promesse de fidélité.

Être fidèle

La fidélité est une des plus grandes preuves d'engagement dans la relation amoureuse. Malheureusement, la libération qui s'est produite au cours de la deuxième partie du XXième siècle au Québec a rendu cette valeur plus ou moins importante pour certaines personnes. Par souci d'autonomie et d'indépendance, ces dernières ont remis en question l'héritage du passé et se sont faites les défenseures de la libération sexuelle. Nous en avons retiré de nombreux avantages au niveau de l'ouverture à une dimension humaine qui avait été trop longtemps occultée par la religion. Par contre, certaines relations amoureuses ont été brisées parce que l'un des conjoints voulait jouir de la liberté et vivre sa sexualité en dehors de sa vie de couple. Ce choix a provoqué des jalousies déchirantes qui ont été interprétées comme une forme de contrôle et de possessivité.

C'est ce qui est arrivé à Huguette qui avait des relations sexuelles avec son confrère de travail et qui ne supportait pas la jalousie de son mari. Elle lui reprochait de lui enlever sa liberté. Cette accusation avait semé en lui le sentiment d'être anormal et égoïste. Il était effectivement jaloux et avait très honte d'éprouver ce sentiment.

Au cours de ma carrière de formatrice et de TRA, *Thérapeute en relation d'aide*MD, j'ai rencontré des personnes dont l'histoire ressemblait à celle de cet homme. En plus de souffrir de jalousie, ces personnes étaient rongées par la honte. Aussi, cherchaient-elles à se débarrasser d'une émotion normale dans une telle situation. Il est, en effet, impossible de ne pas ressentir de jalousie quand son conjoint a un amant ou une maîtresse, à moins de ne plus l'aimer. Celui qui choisit d'avoir d'autres partenaires sexuels que son conjoint doit assumer les conséquences de son choix et vivre avec la jalousie normale de l'autre. Ce type de relation entraîne toujours de la souffrance.

Que veut donc dire « être fidèle » dans une relation de couple ?

Être fidèle, c'est d'abord s'engager à rester dans la relation non seulement quand tout va bien mais aussi quand il y a des problèmes à résoudre et des obstacles à traverser.

Je suis consciente de la portée de mon affirmation mais je suis convaincue que seule cette promesse de fidélité permet d'approfondir la relation parce qu'elle entraîne un investissement total. Grâce à cette forme d'engagement, les conjoints sont amenés à travailler tous les aspects de leur relation tels, entre autres, la communication, le quotidien, la confiance, la sexualité et à fonder leur bonheur sur un ensemble d'éléments importants. Ils peuvent créer ensemble plutôt que de dépenser leurs énergies à se disputer, à argumenter ou à essayer de sauver leur relation.

Cela dit, la fidélité n'est pas une fermeture définitive et totale au monde extérieur. Le fait d'être engagé envers son conjoint ne veut pas dire que les amoureux deviennent aveugles et sourds, qu'ils ne seront plus jamais attirés par d'autres personnes et qu'ils ne pourront plus apprécier un regard séducteur. Ils éprouveront probablement toujours un grand plaisir à être charmés par une personne qui leur plaît et c'est tout à fait normal. Il est même important qu'ils puissent accueillir les paroles de séduction, exprimer leur bonheur et remercier même les personnes qui cherchent à les séduire. Cependant, la personne engagée ne laissera pas de messages ambigus qui laissent entendre à l'autre qu'elle est peut-être intéressée à aller plus loin. Elle ne jouera pas avec le feu et n'entretiendra pas de fantasmes avec cette personne en particulier, surtout s'il s'agit d'une collègue de travail, d'une voisine de palier ou d'une belle-sœur. L'amoureux engagé connaît ses limites et les respecte. Il n'est pas ambivalent.

— Je suis touché par le regard que tu poses sur moi et par la gentillesse de tes paroles. Je le reçois même comme une sorte de reconnaissance de ce que je suis et je t'en remercie mais tu dois savoir que je suis engagé avec Évelyne et je tiens à cette relation. Elle est une priorité dans ma vie. Je ne veux perdre ni son amour ni sa confiance.

Ce genre d'intervention ne coupe pas la relation parce qu'elle n'est pas empreinte de rejet ou de jugement. Elle est respectueuse de soi et de l'autre. Ainsi, elle ne compromet en rien la relation amoureuse parce qu'elle situe clairement la personne au regard charmeur par rapport à la réalité.

L'amoureux engagé ne laisse pas d'espoir inutile. Il est clair avec ses limites.

Cela dit, si l'un des conjoints faillit à sa promesse de fidélité soit en n'assumant pas ses responsabilités, soit en fuyant devant l'obstacle, soit en ayant cédé au charme de quelqu'un d'autre, je l'encourage à en parler authentiquement à l'autre surtout s'il tient à sa relation de couple. Cela peut paraître impensable à cause de la peur de blesser et de la peur de perdre, mais c'est pourtant dans la plupart des cas la seule manière de soustraire la relation aux conséquences néfastes du mensonge. Parmi ces conséquences, notons notamment le fait de créer une distance entre les conjoints en entretenant un personnage qui n'est pas vrai et le fait de nourrir une culpabilité chronique qui rend le lien souffrant. L'aveu aura pour avantage de favoriser l'expression des non-dits anciens et nouveaux et des besoins refoulés, de susciter des remisses en question importantes dans le couple et de permettre la réalisation d'ajustements nécessaires à la poursuite d'une relation vivante et saine fondée sur l'amour vrai. Pour rendre cette démarche bénéfique, il est souhaitable qu'elle s'accomplisse dans le cadre d'une relation thérapeutique avec un spécialiste de la relation de couple. Ainsi, les conjoints pourront renouveler leur promesse de fidélité, redevenir complices et se parler ouvertement de leurs sujets d'attraction sans susciter de peurs et de jalousies étant donné que la vérité sécurise et qu'elle est inhérente à l'engagement envers l'être aimé et envers la relation.

L'engagement envers la relation

Dans une relation amoureuse, il ne suffit pas de s'occuper de ses besoins et de tenir compte de la personne aimée. Il est aussi très important de nourrir la relation, c'est-à-dire d'entretenir le lien qui unit les deux conjoints. Sans cet engagement, chacun vit sur sa rive sans créer de pont pour rencontrer l'autre. C'est le cas de nombreux hommes et de nombreuses femmes qui vivent ensemble comme deux locataires. Ils partagent le même appartement et se parlent uniquement pour régler les choses pratiques et courantes. Il en faut beaucoup plus pour vivre heureux en couple. Ce bonheur résulte d'un engagement des deux conjoints envers la relation. Cet engagement consiste à :

- faire de la relation de couple une priorité,
- s'impliquer dans la relation,
- avoir des activités et des projets communs,
- se ressourcer ensemble.

Faire de la relation de couple une priorité

Yvon et Éloïse sont mariés depuis plus de cinq ans. Passionnante au début, leur relation s'est transformée au point qu'ils vivent ensemble par habitude et par nécessité parce qu'ils ont perdu l'intérêt l'un pour l'autre. Dès le début de leur mariage, Yvon consacrait tout son temps à construire leur maison et à l'améliorer. Tous ses temps libres et ses soirées y passaient. Cette expérience fut tellement gratifiante qu'il prit la décision de laisser son emploi de menuisier pour devenir lui-même entrepreneur. Sa compétence, son attention et sa grande capacité à répondre aux besoins de ses clients en firent rapidement le constructeur de maisons le plus recherché de sa région. Il avait un tel intérêt et une telle motivation pour son travail qu'il y mettait toute son énergie. Il n'avait à peu près aucun temps à consacrer à sa femme et à ses enfants. De son côté, Éloïse, en tant que mère de trois petites filles d'un an, trois ans et quatre ans, se dévouait à temps complet pour sa famille. Sa vie était centrée sur ses enfants au point qu'elle n'existait pas elle-même. Petit à petit, les deux conjoints avaient organisé leurs vies autour de pôles différents qui les éloignaient l'un de l'autre. Ils avaient progressivement perdu l'intérêt pour leur relation, chacun étant engagé dans un secteur particulier duquel l'autre était exclu. Ils n'avaient pas de temps pour être ensemble. D'ailleurs, Yvon mangeait souvent au restaurant avec ses clients pour ne pas être dérangé par la marmaille. Comme il rentrait très tard, ils ne se voyaient que le matin entre deux tasses de café. Leur rythme de vie était devenu une habitude.

Éloïse avait accepté la situation parce que, grâce au travail de son mari, elle bénéficiait d'avantages matériels importants. Les enfants avaient toutes les possibilités, excepté celle de voir leur père. Ce couple semblait inconscient ou endormi jusqu'au jour où Cyrille, le frère d'Éloïse vint lui rendre visite avec un ami. Quelque chose d'étrange se passa entre elle et cet homme qui lui accordait une attention comme elle n'en avait jamais connue. Elle se sentit bouleversée par le regard qu'il posait sur elle et elle se surprit elle-même lorsqu'elle accepta son invitation pour le jour suivant. Il lui offrit de lui faire visiter sa ferme située à environ trente kilomètres de la ville où elle habitait.

Tout se passa tellement vite qu'après son départ, elle réalisa ce qu'elle avait fait. Elle, la femme si rangée, si consciencieuse, si dévouée à sa famille, avait accepté une invitation compromettante. Toute la soirée, elle voulut l'appeler pour annuler ce rendez-vous. Elle en était incapable. Quelque chose en elle la poussait vers cette aventure et c'était plus fort que tout. Elle qui avait toujours refusé de faire garder ses enfants, était prête à les confier à une autre personne pour retrouver cet homme qu'elle ne connaissait même pas. En un seul instant, la mère redevenait aussi une femme pleine de désirs. Elle réalisa à quel point elle avait besoin de se sentir « femme », de se sentir vibrer de l'intérieur, de voir renaître cette passion qu'elle croyait morte.

L'aventure d'Éloïse avec Michel durait depuis plus d'un mois quand Yvon prit conscience que sa femme n'était plus la même.

Lorsqu'elle lui avoua sa liaison, il en ressentit une profonde douleur. La peur de la perdre l'envahit et il se rendit compte que sa vie était en train de basculer parce qu'il l'avait uniquement centrée sur sa réalisation professionnelle.

Peu importe comment s'est poursuivie l'expérience douloureuse d'Yvon et Éloïse. Ce qui compte, c'est le message qu'elle livre à ceux qui, dans leur relation de couple, ont mis leur priorité sur leur travail, leurs loisirs, leurs amis, leurs enfants ou leurs parents. Ceux-là s'étonnent que leur vie amoureuse ne soit pas satisfaisante. Il leur faut souvent un événement douloureux, comme celui qui réveilla Yvon et Éloïse, pour se rendre compte qu'ils ont fait les mauvais choix.

Une relation de couple est réussie quand les deux conjoints accordent la priorité à leur relation. Au niveau de l'intérêt et de l'importance, celle-ci doit passer avant tout, excepté eux-mêmes.

Voici, pour me faire comprendre, l'échelle de priorités des couples heureux.

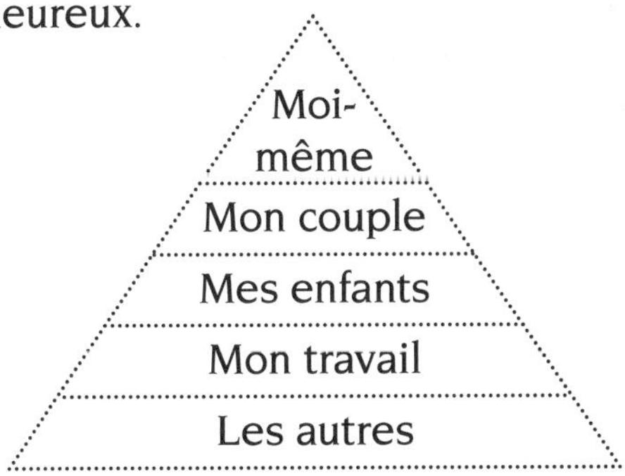

Se placer soi-même au sommet de la pyramide est fondamental. Cependant, il faut bien comprendre en quoi consiste cette importance que chacun doit se donner à lui-même. Il ne s'agit pas d'être égoïste et de ne penser qu'à soi. Certains, par exemple, pourraient croire que s'occuper d'eux-mêmes, c'est partir à la chasse un mois par année, à la pêche un autre mois. D'autres penseront que se donner la priorité, c'est sortir avec les copains ou les copines trois soirs par semaine. De tels comportements conduisent inévitablement à la discorde et à la souffrance. En fait, s'accorder de l'importance, c'est se donner du temps pour s'occuper de son corps et de son cœur, pour nourrir sa tête et son âme, du temps pour relaxer, pour marcher ou pour faire de l'exercice ou encore du temps pour faire une thérapie, suivre un cours de croissance personnelle poursuivre des études à temps partiel, assister à des congrès, des séminaires ou des conférences, apprendre une langue, méditer ou simplement du temps pour être seul.

Chacun a besoin de cette nourriture qui augmente l'amour de soi et la confiance en soi, qui procure de l'énergie et qui rend plus apte à rencontrer l'autre et à vivre sainement la relation. Après, chaque conjoint trouve un plaisir profond à s'occuper de sa relation de couple, à lui donner la priorité sur les enfants, le travail et les loisirs et à s'y impliquer.

S'impliquer dans la relation

« *C'est le temps que tu as perdu pour ta rose qui rend ta rose si importante* », disait le Renard au Petit Prince de SAINT-EXUPÉRY. Tout le monde connaît cette phrase célèbre mais peu de gens l'appliquent dans leur vie affective. Plus une personne s'implique dans un domaine de sa vie, plus elle y trouve d'intérêt et de motivation. S'impliquer, c'est consacrer le meilleur de soi-même, c'est donner du temps, de l'amour, de la présence, de l'attention, de la concentration. S'impliquer dans une relation de couple, c'est s'investir, c'est-à-dire mettre son énergie à bâtir, entretenir et nourrir la relation amoureuse. Concrètement, le conjoint qui s'investit sera préoccupé par sa relation de couple. Il sera sensible à ce qui s'y passe. Il proposera des moyens de la nourrir.

> Jocelyn était le deuxième conjoint d'Anita. Avant lui, elle avait connu Charles et leur histoire s'était mal terminée parce qu'elle avait trop peur de s'attacher. Ainsi, avait-elle toujours gardé une distance avec lui pour ne pas souffrir. Cette distance ne l'a pas empêchée de connaître une séparation très douloureuse. Avec Jocelyn, elle ne voulait pas répéter les mêmes erreurs. Elle s'est engagée à s'investir pleinement dans cette nouvelle relation. Elle avait choisi un homme qui avait le même désir. Plutôt que de laisser son épouse s'occuper seule du ménage, de la cuisine et des enfants, il participait quotidiennement aux tâches ménagères. Les deux s'entendaient pour partager le travail de façon à ce qu'il y ait de la variété et du plaisir. Il y avait bien certaines activités qu'ils ne faisaient pas ensemble. Comme il était couturier, il assumait seul tous les travaux de couture de la famille. Curieusement, c'est elle qui, grâce aux enseignements de son père, assumait les petites réparations de leur maison. L'important est qu'ils réussissaient à s'entendre et surtout, chacun sentait qu'il n'était pas seul à s'investir.
>
> Leur implication ne se limitait pas seulement aux travaux quotidiens. Ils aimaient bien, chacun à leur façon, trouver des moyens pour se rapprocher l'un de l'autre. Parfois, c'est Jocelyn qui organisait une journée récréative à la campagne. D'autres fois, c'est Anita qui préparait une soirée intime. Il arrivait que l'un invite l'autre au théâtre ou qu'il propose de prendre en charge la préparation d'un voyage de vacances.

Il y a plusieurs façons de s'investir dans sa relation amoureuse. Les couples diffèrent les uns des autres en ce sens. Le modèle unique n'existe pas. L'important est de faire en sorte que la relation demeure une priorité et l'un des meilleurs moyens d'y parvenir est d'avoir des projets communs et de partager certaines activités.

Avoir des projets communs

Les conjoints qui n'ont pas de projets communs arrivent difficilement à traverser l'épreuve du temps parce qu'ils ne sont pas suffisamment engagés.

Le projet commun a pour avantage de favoriser l'investissement et l'approfondissement de la relation. Il nourrit l'intérêt et la motivation et rend le couple vivant et créateur.

Autant la vie d'un être humain est agrémentée et animée par les projets, autant peut l'être celle du couple. En effet, la preuve en est que les personnes dépressives se caractérisent par un manque de motivation. Elles n'ont pas d'intérêt à quoi que ce soit et n'ont pas envie d'aller de l'avant. Elles stagnent sur place ou se tirent en arrière. C'est le cas des couples sans projet. Ils tournent en rond, s'ennuient ou errent au gré des événements.

Je suis convaincue que nos projets communs ont contribué à nous rapprocher mon conjoint et moi. Ils nous ont aidés à traverser ensemble nos crises de couple. De plus, ils nous ont donné la possibilité de nous réaliser, de devenir créateurs et même d'apporter quelque chose aux autres et au monde. Nous avons fait le projet d'avoir des enfants, de poursuivre nos études à temps partiel pendant plusieurs années, de tout vendre nos biens pour aller vivre à l'étranger avec nos enfants, de créer une école nationale de formation de thérapeutes (le Centre de Relation d'Aide de Montréal Inc.) et une école internationale (l'École Internationale de Formation à l'ANDC Inc.[11]), une corporation professionnelle, CITRAC (Corporation Internationale des Thérapeutes en Relation d'Aide du Canada), une maison

11 ANDC : approche non directive créatrice

d'édition (Les Éditions du CRAM Inc.) À cela s'ajoutent de nombreux petits projets de couple, de famille et de projets entre amis qui nous ont rendu heureux. Chaque projet était un nouveau défi à relever qui nous demandait d'exploiter de nouvelles potentialités et de conjuguer nos efforts, nos talents et nos différences pour le réaliser. Il suscitait la communication et nous donnait le goût d'être ensemble. Encore aujourd'hui, même si nous sommes septuagénaires, nous sommes remplis de projets qui nous donnent envie de vivre encore longtemps ensemble.

Le projet a ceci d'extraordinaire : il nous amène à mettre de la nouveauté dans notre vie, à créer des changements, à saupoudrer nos journées de fantaisies. Il nous maintient hors de l'ennui, de la routine et de la répétition qui tuent l'amour et l'intérêt.

À tous les couples qui me lisent, je demanderais quels sont vos projets communs ? Que voulez-vous bâtir ensemble ? Comment pouvez-vous trouver un moyen d'évoluer à deux et contribuer à l'évolution de l'humanité ? Il vaut la peine que vous preniez le temps de vous arrêter pour en parler, que vous trouviez quelque chose qui vous intéresse tous les deux, que vous vous fixiez vos buts, que vous déterminiez les étapes du processus à suivre et que vous passiez à l'action. Surtout, ne vous laissez pas arrêter par la peur, elle est normale. Ne croyez surtout pas qu'il est trop tôt ou trop tard. Faites-vous confiance tout en gardant les pieds sur terre. Si vous avez besoin d'aide, sachez que vous n'êtes pas seuls.

Quand nous avons créé notre première école de formation (le CRAM Inc.) en 1985, nous étions tous les deux seuls avec cette idée. Aujourd'hui, trente ans plus tard, plus de cinquante personnes y travaillent. Croyez-vous que ceux qui participent à ce projet le font pour nous faire plaisir? Non. Ils y sont parce que cela fait partie de leur rêve de s'impliquer dans la réalisation du nôtre. Qui sait? Peut-être existe-il des gens dont c'est le rêve de s'investir dans votre projet de couple?

Quoi qu'il en soit, tous vos projets, autant ceux qui ont beaucoup d'envergure que ceux qui en ont moins, sont importants. Chérissez-les. Occupez-vous d'eux. Mettez-les en action et franchissez ensemble les obstacles du parcours. Vous vous sentirez beaucoup plus heureux de vivre ensemble et vous découvrirez que cet engagement contribuera non seulement à faire grandir votre relation et vous-même mais il risque aussi de faire grandir le monde. S'il arrive que vous ayez des doutes ou que vous ayez du mal à être sur la même longueur d'onde par rapport à ce que vous souhaitez, ressourcez-vous.

Se ressourcer

Trop de couples veulent traverser tous les obstacles qu'ils rencontrent sans l'aide de personne. Autant ils peuvent accepter de dépenser de l'argent et de l'énergie pour solliciter l'aide d'un professionnel de la santé du corps, d'un professeur ou d'un spécialiste quelconque dans le domaine de la vie pratique, autant ils sont réticents à se faire aider quand ils n'arrivent pas à se parler. Ils ont honte et tentent de se débrouiller tout seuls. Je crois, au contraire, que les couples ont parfois besoin de ressources pour améliorer leur relation ou pour apprendre à communiquer ou pour mener à terme un projet. C'est pourquoi il est si important qu'ils assistent ensemble à des conférences, qu'ils participent à des séminaires, à des ateliers sur des thèmes qui concernent leur vie amoureuse, à des cours de développement personnel et relationnel, à des formations. Ils peuvent aussi se ressourcer en faisant ensemble un travail corporel, une démarche spirituelle ou même un travail thérapeutique. Tout ce qui peut les aider à mieux communiquer et à être plus heureux mérite leur attention et leur investissement.

Ne l'oublions pas, une vie de couple heureuse, c'est possible mais cela se construit et demande du temps. Ceux qui s'engagent envers eux-mêmes, envers l'autre et envers la relation connaissent de profondes satisfactions à vivre à deux parce que leur engagement les amène à donner la priorité à leur couple et à se donner ainsi les moyens de l'acheminer vers sa maturité. Et l'un des meilleurs moyens d'y parvenir est d'apprendre à communiquer.

Chapitre 4

La communication

Il est impossible d'être heureux longtemps en couple sans communiquer. La communication intime est le moyen par excellence de se rapprocher de l'être aimé, de dissoudre les malentendus, de prévenir et de régler les conflits. « *La communication est le seul moyen (...) dont disposent les conjoints pour créer et maintenir entre eux une certaine proximité, complicité et compréhension*, écrit ALBISETTI. *C'est le seul moyen de faire tenir un mariage.* »[12] Tous les couples heureux que j'ai rencontrés accordent une priorité à la communication. Il est donc essentiel d'en parler dans un travail consacré au bonheur du couple.

J'ai déjà écrit un livre qui s'intitule *Approfondissez vos relations intimes par la communication authentique* parce que ce sujet a toujours eu une importance capitale dans ma vie affective. Sans répéter son contenu, j'y retiendrai certains éléments fondamentaux auxquels j'ajouterai de nombreuses notions qui guideront les amoureux qui veulent améliorer considérablement leur communication. Aussi, dans ce chapitre, les lecteurs découvriront d'abord les différents niveaux de la communication pour ensuite être situés par rapport à ce que j'entends par « communication intime ». Je poursuivrai en leur donnant des moyens concrets et pratiques pour mieux transmettre leur vérité profonde.

12 ALBISETTI, V. *Mieux vivre en couple*, p. 81

Les niveaux de la communication

Comme je l'ai écrit dans le livre cité plus haut, il existe plusieurs niveaux de communication, tous nécessaires pour se comprendre et se rencontrer dans la vie à deux. Les conjoints peuvent en effet avoir un échange de type pratique, impersonnel, narratif ou intime.

La communication pratique

> Avant de partir pour son travail, Charline demande à Raymond à quelle heure il passera la prendre au bureau. Elle lui rappelle de ne pas oublier d'aller chercher leur fils à l'école et de passer à la poissonnerie pour acheter du saumon. Raymond lui répond de ne pas s'inquiéter qu'il sera à l'heure au rendez-vous et lui demande si au cours de la pause du midi, elle ne pourrait pas passer à la banque pour déposer son chèque de paye.

Dans cet exemple, nous voyons que les échanges de Raymond et Charline sont d'ordre pratique. Ce type de communication est nécessaire dans les relations, quelles qu'elles soient. Il permet de vivre plus agréablement le quotidien puisqu'il répond aux besoins concrets de chacun. Il a pour avantage de sécuriser puisque, grâce à lui, les amoureux peuvent faire des demandes claires, s'entendre au niveau du temps, de la répartition des tâches et de l'organisation matérielle. Cependant, aussi utile que soit la communication pratique, elle est loin d'être suffisante pour se rencontrer en profondeur. Elle est d'ailleurs utilisée partout, même avec des personnes inconnues comme c'est le cas quand nous demandons la route à quelqu'un au cours d'un voyage ou que nous prenons un rendez-vous avec le coiffeur. On la trouve chez tous les couples au même titre que la communication impersonnelle.

La communication impersonnelle

> Rolland et Jacinthe décidèrent d'accorder du temps à leur relation parce qu'ils s'éloignaient l'un de l'autre. Chaque semaine, ils réservèrent une soirée pour leur couple au cours de laquelle ils allaient voir un concert, une pièce de théâtre ou un film. Ils commençaient ou terminaient leur sortie par un repas au restaurant. Ces moments passés ensemble leur étaient bénéfiques en ce sens qu'ils leur permettaient de décrocher des obligations familiales et professionnelles, de s'accorder du temps de loisirs, ce qu'ils n'avaient pas fait depuis plusieurs années et de se parler sans trop d'interférences. Ils étaient d'ailleurs bien déterminés à profiter de ces deux heures au restaurant en tête-à-tête pour se parler d'eux, de leurs rêves, de leurs vécus respectifs. Mais, malgré leurs bonnes intentions, leurs conversations, bien que très intéressantes, n'en restaient qu'à des discussions intellectuelles à propos du spectacle qu'ils venaient de voir, de la situation économique et politique de leur pays et du monde. Il leur arrivait même parfois de parler des autres pour les juger ou les critiquer, d'un confrère de travail, d'un patron, d'un parent, d'une voisine. Ils ressortaient heureux de leur soirée mais jamais suffisamment nourris affectivement.

Il est en effet très agréable dans la relation de couple de discuter de sujets qui intéressent les deux conjoints et de partager chacun ses points de vue. Ces échanges sont importants pour enrichir l'esprit. Encore ici, ils ne suffisent pas. On peut d'ailleurs avoir une communication impersonnelle avec beaucoup de personnes même celles qu'on rencontre pour la première fois puisqu'elle consiste à parler de tout sauf de soi-même. Les couples qui se limitent à elle ne sont généralement pas heureux à long terme. C'est pourquoi ils cherchent à combler leur manque au moyen d'un autre type de communication : la communication narrative.

La communication narrative

Quand Albert et Annette se retrouvent après une journée de travail ou après des moments où chacun a vaqué à ses occupations, la première question que l'un ou l'autre pose à l'autre est la suivante : «*Alors, qu'est-ce que tu as fait aujourd'hui?*» ou «*Raconte-moi ce qui s'est passé.*» ou encore : «*Parle-moi de ta journée.*» Rares sont ceux qui diront «*Parle-moi de toi*». Au contraire, chacun raconte à l'autre les événements, les personnes rencontrées et dans quelles situations. En fait, leur communication est basée sur les faits. C'est la narration de faits qui s'enchaînent et qui sont communiqués souvent froidement, sans émotion, comme les informations nationales et internationales à la télévision. Bien que je ne condamne pas la communication narrative, je considère qu'elle est nettement inapte, à elle seule, pour rapprocher vraiment les amoureux.

En réalité, de nombreux couples limitent leurs échanges à ces trois types de communication, ce qui explique leur sentiment de manque, leur insatisfaction et la prolifération des conflits. En se centrant sur les autres et sur les faits, il n'y a pas de place pour eux-mêmes et pour la communication intime.

La communication intime

La communication intime est un échange qui se situe au niveau du cœur. Elle consiste à révéler à l'autre sa vérité profonde, c'est-à-dire ses besoins psychiques fondamentaux d'être aimé, reconnu, écouté, sécurisé, accepté et ses émotions agréables ou désagréables. «*Je suis de plus en plus convaincu, nous dit Albisetti, que si dans un mariage, on ne réussit pas à partager la douleur, la souffrance, les doutes, les désillusions et les perplexités, on ne peut pas non plus partager l'amour, la sérénité et l'intimité.*»[13]

13 ALBISETTI, V . *Mieux vivre en couple*, p. 111

Pour mieux communiquer dans l'intimité, les conjoints, mariés ou non, auraient avantage à se pencher sur la personne même de l'être aimé au lieu de s'intéresser uniquement aux faits. « *Parle-moi de toi. As-tu été heureux aujourd'hui ? Qu'est-ce que tu as vécu au cours de cette journée* ? » Ce qui importe, c'est de déborder la froideur des faits pour entendre la chaleur du vécu de l'autre par rapport à ses expériences de la journée.

Communiquer dans l'intimité, c'est parler de ce que l'on ressent par rapport à l'être aimé, ici et maintenant, lui partager ses peurs, ses insécurités, ses manques, ses désirs, ses rêves, ses joies, ses satisfactions.

Chez les couples heureux, le conjoint est le principal confident, celui à qui chacun communique ce qu'il a de plus profond, de plus secret. C'est non seulement l'amoureux mais aussi le meilleur ami, l'être avec lequel la communication se caractérise par une profondeur inégalée.

C'est cette rencontre intime qui nourrit vraiment au niveau affectif et qui comble les besoins du cœur. Sans elle, les amoureux sont habités par un manque psychique qu'ils cherchent généralement à remplir au moyen de l'activisme ou au moyen de reproches, de jugements, d'accusations et de culpabilisations lesquels suscitent les conflits, entretiennent la souffrance et renforcent le sentiment de carence affective.

L'impact négatif du manque de communication intime sur le couple est impressionnant. Si les amoureux étaient conscients de l'importance fondamentale de ce type de communication, ils accorderaient sûrement plus de temps pour apprendre à se parler. La rencontre du cœur à cœur est la seule capable de nourrir les besoins affectifs et de transformer une relation destructrice en relation régénératrice sur le plan psychique et, conséquemment, sur le plan relationnel. Cependant, il existe de nombreux moyens concrets pour la faciliter et même la rendre possible. Ces moyens, bien que non exhaustifs et non magiques ont quand même contribué à rapprocher de nombreux couples avec lesquels j'ai travaillé parce qu'ils ont pris la décision ferme d'améliorer leur communication pour être plus heureux.

Des moyens efficaces pour mieux communiquer

Il est facile d'élaborer des théories extraordinaires sur la communication, de ces théories qui font du sens et qui rejoignent la plupart des personnes intellectuellement. Le plus difficile est la mise en application de ces idées merveilleuses dans le concret de la relation amoureuse. Quand deux conjoints ont du mal à se rejoindre de l'intérieur, quand ils se sentent loin l'un de l'autre, quand ils sont démunis, leurs besoins véritables sont d'ordre pratique beaucoup plus que d'ordre théorique. C'est pour eux que j'écris ces pages, non pas pour leur donner des « trucs » et des « recettes-miracles », mais pour les aider par des moyens qui collent à leur réalité quotidienne. Pour améliorer leur communication, les amoureux qui ont du mal à se parler doivent éviter de faire l'erreur de vouloir appliquer tous les moyens en même temps. Cela rendrait leur démarche lourde, beaucoup trop exigeante et risquerait de les décourager. La meilleure piste à suivre est de choisir de les travailler un par un et de se donner le temps d'avancer progressivement dans leur quête de rencontre intime sans se sentir bousculé. La tentative de vouloir tout atteindre d'un seul coup les conduira à l'échec de leur projet. Elle est d'ailleurs humainement impossible.

Il importe donc d'accepter de se donner le temps d'apprendre et d'intégrer. Les couples doivent se rappeler que le processus d'apprentissage passe par des moments de réussite et des moments de « retour en arrière » ou encore par des moments de stagnation apparente. Parfois, les habitudes passées s'imposeront. C'est normal. Il ne s'agit pas de se demander la perfection mais de se donner droit à l'erreur sans se culpabiliser. Le plus important atout des amoureux restera définitivement la persévérance. Ne jamais perdre de vue que l'objectif à atteindre est le moyen d'arriver à traverser une à une les étapes qui mènent à la satisfaction.

Donc, pour tirer le maximum de bénéfice du processus qui conduit vers la communication intime, il importe, pour chaque moyen que je développe ci-après, de procéder comme suit :

- choisir le moyen à intégrer ;
- mettre le moyen en action ;
- faire un retour quotidien sur les nouvelles expériences de communication.

Choisir le moyen à intégrer

Ici, les amoureux peuvent décider ensemble quel moyen, parmi ceux qui sont proposés par la suite, ils veulent d'abord prendre pour mieux communiquer. Le choix sera fait en fonction des besoins et des difficultés du couple. Certains préféreront commencer par l'écoute, d'autres par la reconnaissance ou le feed-back, par exemple. Quoi qu'il en soit, quand le choix est fait, il est important de ne pas le remettre en question à chaque difficulté rencontrée.

Les amoureux doivent alors s'occuper à le mettre en action dans leur relation. Ils choisiront de travailler un deuxième moyen quand ils auront intégré le premier.

Mettre le moyen en action

Si, par exemple, les conjoints se sont mis d'accord pour travailler tous les deux leur rapport à l'écoute de l'autre quand il parle, il est alors important qu'ils s'engagent à pratiquer quotidiennement une écoute attentive. Toutefois, si l'un des deux a tendance à se croire supérieur à l'autre et à agir en tant que maître ou que dominateur plutôt qu'en tant que complice dans l'atteinte d'un objectif commun, la démarche se soldera par un échec.

Beaucoup de personnes croient qu'elles sont plus avancées que leur partenaire amoureux parce qu'elles ont suivi une thérapie ou des cours de croissance personnelle. Dans un grand nombre de cas, j'ai observé que le conjoint qui n'avait pas fait ces démarches était aussi « évolué » à sa manière que l'autre surtout si ce dernier n'avait à peu près rien intégré dans la vie de ce qu'il avait appris rationnellement ou parce qu'il avait participé à des cours ou des ateliers dans le but de changer les autres plutôt que d'appliquer ce qu'il avait appris sur lui-même.

Je suis d'ailleurs profondément convaincue, expérience à l'appui, que la personne qui a vraiment intégré des habiletés de communication ne sent pas le besoin, dans sa relation amoureuse et ses relations affectives, de se placer au-dessus des autres, parce qu'elle sait qu'en se supériorisant, elle ne peut pas communiquer, elle ne peut que juger, critiquer, dominer.

La véritable communication intime est une rencontre de cœur à cœur et ne peut exister

que dans un rapport humain d'égalité, de complicité, d'entraide et d'amour.

Ainsi, chaque amoureux ne cherche pas à responsabiliser l'autre quand la rencontre n'a pas été satisfaisante mais à trouver avec lui les moyens de l'améliorer.

Faire un retour quotidien sur les nouvelles expériences de communication.

Une telle démarche aboutira à des résultats concrets et conformes à leurs attentes si les conjoints prennent tous les soirs quelques minutes pour faire un retour sur leurs nouvelles expériences de communication de la journée. Cette étape est indispensable pour avancer. Pour éviter les reproches et les accusations, il est préférable d'orienter la communication autour des questions suivantes :

- En quoi suis-je fier(e) de moi aujourd'hui ?
- Ai-je eu des difficultés ? Lesquelles ? Comment pourrai-je les surmonter demain ?
- Qu'est-ce que j'ai apprécié de toi ?

Chacun a avantage à répondre à chacune de ces questions parce qu'elle lui fournira l'occasion de se reconnaître, de valoriser son conjoint et de trouver les moyens de faire face aux difficultés rencontrées et d'en prendre lui-même la responsabilité. Aussi, au lieu de travailler sur l'autre, chaque conjoint travaille sur lui-même, à partir de ce qu'il est, au niveau de ses forces et de ses faiblesses.

Comme vous le constatez, la démarche elle-même favorise la rencontre intime. Donc, pour bien l'accomplir voici les nombreux moyens que je propose pour améliorer de façon significative vos communications intimes.

Les moyens

1. *Réduisez les sources de stress*

Vital et Annie ont connu pendant plus de dix ans une vie de couple heureuse. Tous les deux, enseignants dans une école primaire, ils profitaient de leurs week-ends avec les enfants et de vacances qui leur donnaient le temps de se reposer et de se distraire. Ils arrivaient facilement à communiquer et jouissaient d'une vie familiale nourrissante et très satisfaisante.

Leur vie a basculé le jour où l'école de leur village ferma. Tous les jours, des autobus jaunes devaient prendre les enfants à leur domicile pour les conduire à l'école régionale située à vingt kilomètres plus loin. Vital et Annie qui avaient leur maison au centre du village, tout près de l'école, et qui adoraient la tranquillité des lieux, n'étaient pas très intéressés à quitter ce village enchanteur pour la ville. L'idée de voyager matin et soir pour aller travailler les rebutait aussi. Comme Annie était une excellente cuisinière et qu'elle aimait laisser libre cours à sa créativité quand elle préparait ses repas, elle décida de démissionner de son poste d'enseignante pour ouvrir un restaurant. Vital était prêt à l'appuyer dans ce projet mais il ne voulait pas quitter son travail sans s'assurer que leur commerce serait assez rentable pour faire vivre toute la famille.

Tout était merveilleux et tout le monde était heureux jusqu'à ce qu'ils commencent à actualiser leur projet. Complètement envahie par la clientèle qui recherchait sa cuisine, Annie consacrait beaucoup de temps à son nouveau travail tout en essayant de ne pas négliger ses enfants. Vital, pour sa part, se retrouvait seul, à la fin de sa journée, à s'occuper des enfants, à les aider dans leurs travaux scolaires, à les amener à leurs cours de danse, à participer à leurs loisirs.

Petit à petit, ils s'épuisèrent tous les deux. Le stress les rendit impatients et parfois intolérants. Ils n'arrivaient plus à trouver le temps de se parler et quand ils le faisaient, c'était pour se faire des reproches. En fait, le problème de ces deux conjoints n'était pas leur relation mais plutôt le stress causé par l'activisme dans lequel ils s'étaient perdus.

J'ai connu moi-même ce problème dans ma vie de couple à une certaine époque où le travail prenait tellement de place qu'à la fin des journées nous étions, mon mari et moi, trop épuisés pour prendre du temps ensemble pour nous détendre et communiquer. Nous avons connu des moments difficiles qui nous ont conduits en thérapie. Bien que la démarche nous fut très salutaire, il n'en reste pas moins que la situation s'est améliorée lorsque nous avons fait les choix qui ont réduit les sources de stress dans nos vies.

La fatigue et le stress causés par le surcroît de travail entravent considérablement les situations de communication. Comme le dit si bien Suzan Page :

Quand les conjoints sont anxieux ou entièrement préoccupés par leur travail, la qualité de l'intimité est affectée. Quand la plus grande partie de l'énergie est consacrée au « faire », il n'y a plus de place pour « être » ensemble, pour se rencontrer et pour pratiquer la communication intime.

Dans les cas de stress chronique, les niveaux pratique, impersonnel et narratif de la communication caractérisent les temps de parole du couple. De plus, la fatigue rend souvent triste, dépressif, impatient ou agressif. L'impact sur la relation ne peut être que négatif quand les deux conjoints sont épuisés et emprisonnés par des exigences à remplir qui s'enchaînent et les privent de détente et de leur liberté.

Aussi est-il important que vous preniez d'abord conscience de votre réalité. Êtes-vous coincés dans une vie trop pleine d'obligations qui vous stressent et aspirent toute votre énergie ? Très souvent, les problèmes de communication trouvent leur principale source dans le rythme de vie. Si c'est le cas, n'attendez pas qu'il soit trop tard. Ne laissez pas votre santé physique, psychique et relationnelle se détériorer. Qu'y gagnerez-vous ? Gilles VIGNEAULT n'a-t-il pas raison de dire que « Le temps que l'on prend pour dire "je t'aime" est le seul qui reste au bout de nos jours » ?

Pourquoi faudrait-il attendre d'être vieux, malade ou en instance de séparation pour comprendre l'importance de se donner le temps de vivre, d'aimer et de communiquer ? L'ambition, le besoin d'être reconnu et l'insécurité financière sont souvent des pièges qui poussent les conjoints vers des actions destructrices à long terme.

Apprendre à trouver l'équilibre entre la vie professionnelle et la vie personnelle et relationnelle exige parfois d'accepter de perdre, mais les gains au niveau de la qualité de la relation ne sont-ils pas plus importants ?

Nous vivons à une époque où l'être humain trouve sa valeur dans la performance. Il devient le jouet de ces comparaisons qui l'amènent à se donner, sans respect de lui-même, pour être à la hauteur. À la hauteur de quoi ? Cette attitude nuit non seulement à la personne elle-même mais aussi à sa vie relationnelle. Chacun est pris dans un engrenage duquel il est difficile de sortir. Il s'y accroche pour ne rien perdre. S'en sortir demande de la volonté, voire du courage. Mais c'est peut-être là le premier pas à faire pour se donner une vie de couple heureuse. C'est une question de priorités.

Choisir de vivre pleinement, c'est effectivement se réaliser au plan professionnel. Mais cette seule réalisation ne suffit pas à rendre heureux.

Sans la réussite relationnelle, le succès professionnel n'est qu'un prix de consolation, une compensation bien minime puisqu'elle ne nous donne pas l'essentiel.

À vous qui me lisez, voyez si le stress et l'activisme ne sont pas les principaux obstacles à votre communication et au bonheur de votre couple. Si c'est le cas, trouvez ensemble des moyens concrets de les réduire. Vous serez confrontés à des choix, bien sûr. Et le choix implique nécessairement la souffrance de la perte. Mais ne perdez-vous pas encore plus à vous laisser entraîner par un monde de performance qui prend toute votre énergie et qui vous prive du bonheur de la rencontre intime ? Je suis convaincue que la réponse à ces questions préparera le terrain nécessaire pour mieux communiquer. Vous pourrez alors vous concentrer plus facilement sur la rencontre intime parce que vous serez physiquement plus dynamiques et psychiquement plus disponibles.

2. *Consacrez* 100 % *de votre attention à la communication*

Si vous voulez vraiment rencontrer l'être aimé au niveau du cœur et lui partager votre intimité la plus profonde, vous devez absolument consacrer toute votre attention à la communication lors des moments de parole. Votre conjoint ou votre conjointe doit sentir que rien d'autre n'interfère dans votre rencontre. Si, par exemple, au restaurant, vous vous laissez déranger par les jambes de votre voisine de table ou par votre téléphone portable, vous n'arriverez pas à connaître ces moments de profondeur qui nourrissent le cœur. C'est pourquoi il est si difficile de trouver cette intimité de la communication quand on mange chez soi et que l'un ou l'autre est préoccupé par le repas à préparer, à servir, à desservir. Le contexte doit être favorable le plus possible et il est souhaitable que chacun trouve le moyen de faciliter l'échange et qu'il ne décroche pas son attention de l'autre et de la relation.

Les temps de communication intime sont des moments privilégiés à protéger. Au début, ils font peur. Certains ont peur de s'impliquer dans la profondeur parce qu'ils appréhendent l'inconnu qui les habite et l'inconnu qui habite l'être qu'ils aiment. Si l'on peut en effet structurer le contexte de l'échange, il est absolument impossible d'en organiser le contenu. C'est donc dire que communiquer dans l'intimité, c'est rencontrer la partie la plus secrète de soi-même et de l'autre. Contrairement à ce que vous croyez, vous y trouverez des trésors. Il s'agit de s'ouvrir à ce monde extraordinaire qui vous habite et qui, une fois révélé, vous liera solidement dans la liberté.

Donc, pour ne pas échapper au bonheur de ces rencontres, donnez-vous des rendez-vous chez-vous, au restaurant, dans un hôtel ou ailleurs et surtout ne laissez rien ni personne changer votre décision. À moins d'une raison majeure (accident ou maladie) les rendez-vous amoureux doivent être impérativement respectés. C'est d'ailleurs la meilleure façon de démontrer votre attachement et l'importance que vous accordez à votre relation. Ces moments privilégiés devraient se présenter au moins une fois par semaine sur une période d'au moins deux heures.

Quel que soit le lieu que vous aurez choisi, placez-vous en face de votre conjoint. Vous limitez ainsi les interférences visuelles. Le face à face est très important parce qu'il protège contre la fuite des yeux vers certains éléments extérieurs. Il favorise énormément la communication intime.

Je me permets ici de raconter une anecdote à ce sujet. Lors de mon premier voyage en France en 1977, j'ai vécu des moments d'émerveillement exceptionnels. Je me suis même promis d'y revenir un jour pour y vivre. Cinq ans plus tard exactement, en 1982, j'y débarquais pour 3 ans avec toute ma famille. Ce pays est vraiment l'un des plus magnifiques que je connaisse. D'ailleurs, je n'ai jamais cessé de m'émerveiller après plus de trente ans à y revenir chaque année. Cela dit, il se produisit quelque chose de spécial en moi lorsque je vis les premiers cafés. Je ne comprenais pas pourquoi les chaises y étaient toutes placées les unes à côté des autres comme dans un spectacle. Les gens étaient assis côte à côte pour prendre un pot et discuter. J'ai compris plus tard qu'ils avaient raison de les disposer ainsi. En effet, il y a tellement de beauté à voir dans ce pays qu'il est agréable de s'asseoir sur la terrasse d'un café pour nourrir ses yeux des richesses de l'architecture et de l'aménagement. Malheureusement, cela ne favorise pas la communication intime.

Aussi, si vous choisissez de vous rencontrer dans un restaurant, assurez-vous que la table qu'on vous assigne vous permettra de vous y asseoir l'un en face de l'autre et surtout, qu'elle ne soit pas trop large pour que vous soyez proches l'un de l'autre.

Je me souviens d'un week-end de congé que nous avons passé, mon conjoint et moi, dans une auberge de province. Au moment du souper du samedi soir, le serveur nous assigna une table dans la salle à manger. Comme toutes les tables pour deux personnes étaient rectangulaires et identiques, nous nous sommes installés, heureux d'être placés face à face. Cependant, nous étions habités par une grande frustration parce que la table était longue, bien que plutôt étroite. Nous nous sentions loin l'un de l'autre. Une idée me vint de demander au serveur de placer la table dans l'autre sens. Je lui ai expliqué le pourquoi de ma demande. De cette façon, nous nous sommes rapprochés, avons eu une excellente communication et étions très heureux de notre soirée. Le lendemain matin, lorsque nous sommes retournés dans la même salle à manger pour le déjeuner, toutes les tables à deux avaient été placées comme nous l'avions proposé la veille. Ainsi, d'autres couples ont sûrement pu, par la suite, bénéficier de ce rapprochement favorable à la rencontre intime.

Ces précisions peuvent être considérées comme des détails sans importance et pourtant, l'expérience m'a démontré à quel point elles sont utiles pour faciliter la communication. À force de banaliser les petites choses, beaucoup de couples passent à côté de l'essentiel.

Il est donc important, pour bien se rencontrer dans l'intimité, d'être proches physiquement, en face l'un de l'autre et de garder le contact avec l'autre en le regardant dans les yeux. Il ne s'agit pas de le fixer ou de l'observer mais de ne pas fuir le regard parce qu'il est la porte du cœur. Sans la rencontre des yeux, la communication intime est beaucoup plus difficile. Est-ce dire que les aveugles ne peuvent connaître ce type de communication ? Bien au contraire. Ils ont, pour la plupart, une façon de nous parler qui nous interpelle jusqu'au fond de l'âme. Ils savent toucher rapidement l'essentiel parce qu'ils ont développé plus que nous tous leurs autres sens. Si nous sommes ouverts à la rencontre, nous vivons des expériences merveilleuses et inoubliables avec eux.

Pour connaître ces expériences, il importe de consacrer toute son attention à la communication. Les moyens que je viens de développer vous permettront d'y arriver plus rapidement, surtout si vous choisissez des sujets de conversation qui nourrissent la communication intime. Sans ce choix de sujets appropriés, vous risquez de rester dans la banalité ou la superficialité. Comme l'échange en profondeur fait un peu peur, il est facile de le fuir et de se laisser glisser vers des sujets d'ordre pratique, impersonnel ou narratif. Arrêtez-vous sur des sujets qui vous concernent tous les deux comme, par exemple, l'éducation de vos enfants, un projet qui vous tient à cœur ou un désir de projet commun à inventer. Vous pouvez aussi parler de votre sexualité, de vos besoins. Ou encore, vous pouvez dire à l'autre pourquoi vous l'aimez, ce que vous aimez chez lui. Il est possible aussi de parler d'un sujet qui vous fait souffrir. Dans ce cas, la communication ne doit jamais verser dans le reproche et le désir de changer l'autre mais rester dans le vécu et la recherche de moyens de composer ensemble avec la réalité. Quoi qu'il en soit, vos sujets de conversation ont avantage à être cernés pour vous permettre de vraiment vivre un échange profond. Une façon simple d'aller à l'essentiel est de dire à l'être aimé : « Parle-moi de toi. »

3. *Parlez de vous et non de l'autre*

> — Je sens que tu t'ennuies et que tu n'es pas intéressé à notre relation, dit un jour Danielle à Rodrigue. Tu ne m'écoutes pas en ce moment. D'ailleurs, tu ne m'écoutes jamais. Tu es enfermé dans ta coquille comme une huître et tu te fous de ce qui se passe autour de toi. Tu devrais faire quelque chose parce que ça ne va pas, ça ne va plus du tout dans notre relation.

Cet exemple de communication reflète la réalité de plusieurs couples, même s'il apparaît au lecteur un peu fort. S'ils sont honnêtes, de nombreuses personnes pourront reconnaître qu'il leur arrive fréquemment de s'adresser à leur conjoint en termes semblables parce qu'elles ne savent plus comment l'atteindre et comment réduire la souffrance de l'incommunicabilité. Comme le dit si bien Jacques Salomé, ces personnes parlent de l'autre et sur l'autre et non pas d'elles-mêmes, ce qui crée des malentendus indescriptibles, des confusions difficiles à clarifier et des conflits sans solutions puisque généralement ce mode de communication destructeur se répète inlassablement pour masquer le sentiment d'impuissance.

L'une des formes les plus subtiles et les plus insidieuses de langage sur l'autre est l'usage familier d'expressions telles que : «*Je sens que tu ne m'aimes pas.*» ou «*J'ai l'impression que tu m'en veux.*» ou encore, ce qui est pire «*J'ai l'intuition que tu as des blocages psychologiques importants.*» Introduire la parole sur l'autre par un «*je sens que tu , j'ai l'impression que tu , j'ai l'intuition que tu* », c'est se donner sur le conjoint un pouvoir qui ne peut susciter que de sérieux malaises et qui ne peut que perturber considérablement la communication.

Personne au monde ne peut décider arbitrairement des émotions ou des besoins des autres. La seule façon d'être sûr de ce qui se passe dans le cœur et la tête de l'être aimé est de le lui demander.

Le problème qui se pose ici est que de nombreux conjoints ne savent pas comment parler d'eux-mêmes. Sans s'en rendre compte et malgré leur bonne volonté, ils glissent rapidement dans la projection, l'interprétation, le jugement et la généralisation. En voici quelques exemples.

<u>Projection</u>

«Tu n'es plus intéressée à moi et tu ne m'aimes plus» plutôt que «J'ai peur de ne plus t'intéresser et que tu ne m'aimes plus.»

<u>Interprétation</u>

«Tu me parles constamment du travail extraordinaire de ta nouvelle collègue. Dis plutôt qu'elle te plaît et que tu es attiré par elle» plutôt que «Tu me parles souvent de ta nouvelle collègue et de ses performances professionnelles. Je suis inquiète. J'ai peur qu'elle te plaise et que tu développes avec elle une relation intime.»

Généralisation

À son mari qui est arrivé trois fois en retard au cours du dernier mois, une épouse dit : « Tu es toujours en retard. J'en ai marre » plutôt que « J'observe que tu as été trois fois en retard ce dernier mois et cela me préoccupe parce que ce n'est pas ton habitude. »

Jugement

« Tu as aimé ce spectacle ? Tu n'as aucun goût et tu n'y connais rien. C'était d'une pauvreté » plutôt que « Tu as aimé beaucoup et, moi, pas du tout. C'est intéressant ces goûts différents que nous avons. Si tu veux, on pourrait parler de nos points de vue. »

La conversation défensive mène à la frustration parce que le conjoint qui s'exprime ne parle pas de lui-même. Il prend du pouvoir sur le monde de l'autre. Sa parole est donc génératrice d'éloignement plutôt que de rapprochement. Le meilleur moyen pour les amoureux de se défaire de ces habitudes inconvenantes est d'apprendre à distinguer ce qui est objectif de ce qui est subjectif dans leur communication.

Pour me faire bien comprendre, je prendrai l'exemple de Gaston et Antoinette. Lors d'une soirée chez des amis, ils rencontrèrent de nouvelles personnes dont une femme particulièrement jolie et dynamique qui attira le regard d'Antoinette. Rapidement, elle se compara à cette femme en s'infériorisant. Son malaise s'accrut lorsqu'elle vit son mari parler avec elle. Leur conversation semblait animée et Gaston était très présent à elle au point que pendant plus d'une heure, Antoinette s'est sentie seule. Elle ressentit de la colère et sa colère devint tellement intense que sur le chemin du retour, elle lui parla en ces termes : « Tu as passé la soirée avec cette femme. Tu n'avais d'yeux que pour elle. Je n'existais même plus pour toi. Je parie que tu lui as donné un rendez-vous galant. Quand tu vois une belle femme, tu ne sais pas te contrôler. C'est vrai que je n'ai pas sa taille et sa beauté mais je suis quand même ta femme. L'as-tu déjà oublié ? »

Ce langage est chargé de jugements, d'interprétations et de généralisations. Il est tellement accusateur et culpabilisant qu'il ne peut que déclencher un conflit et que rendre Antoinette encore plus malheureuse. Il peut même lui attirer ce qui lui fait peur. En effet, Gaston, exaspéré, peut finir par la rejeter définitivement pour une autre femme. Elle croira alors qu'elle avait bien raison. Ce système se poursuivra autrement avec une autre personne tant et aussi longtemps qu'Antoinette ne remettra pas en question sa façon de communiquer. Pour ce faire et pour que vous parliez de vous et non de l'autre dans vos moments de paroles avec votre conjoint, je propose que vous relisiez les exemples des pages précédentes et que chacun de vous repère ses projections, ses interprétations, ses jugements et ses généralisations dans votre plus récent conflit. Tant que vous n'aurez pas appris à distinguer ce que vous vivez (subjectivité) de ce que vous observez (objectivité), vous ne serez pas heureux dans vos communications.

4. *Distinguez ce que vous vivez de ce que vous observez*

Il est fondamental quand vous vous exprimez que vous fassiez la différence entre la subjectivité et l'objectivité de vos propos. Est subjective l'expression de votre vécu, de vos sensations, de vos pensées imaginaires, de vos goûts et de vos opinions. Par contre, tout ce que vous observez et entendez sans le déformer est objectif. Dans l'exemple précédent, qu'a observé objectivement Antoinette, sinon que son mari a conversé pendant plus d'une heure avec une femme qu'elle a trouvé jolie ? Elle a aussi observé qu'il riait souvent et qu'il ne se laissait pas distraire par ce qui se passait autour de lui. Aussi, quand elle lui dit : « Tu as passé la soirée avec cette femme », elle déforme les faits et elle exagère. Elle n'est plus objective. Elle déforme la réalité à partir de son vécu. Voici donc ce qui se passe en réalité :

OBJECTIVITÉ	SUBJECTIVITÉ
Gaston parle durant une heure à une femme blonde qu'Antoinette trouve jolie.	Antoinette s'infériorise par rapport à cette jolie femme et elle a peur que son mari la trouve plus séduisante et plus intéressante qu'elle.

Que fait Antoinette avec ces deux réalités ? Au lieu de les distinguer clairement, elle mélange tout, ce qui lui attire le contraire de ce qu'elle recherche. Comment aurait-elle pu parler pour séparer ce qu'elle a vu de ce qu'elle a vécu ? « Je suis triste en ce moment (subjectivité). J'ai vu que tu avais parlé une heure avec cette femme blonde que nos amis nous ont présentée (objectivité). Elle m'apparaît si belle que je me suis comparée à elle en m'infériorisant. J'ai eu peur que tu la trouves plus séduisante et plus intéressante que moi. Je vivais tellement d'insécurité que j'avais l'impression que tu avais passé la soirée avec elle (subjectivité). Mais quand je regarde la réalité, je vois bien que ce n'est pas le cas (objectivité). Au fond, ce que je veux te dire c'est que je tiens à toi et que je ne veux pas te perdre (subjectivité). »

Donc, dans un couple, pour se parler de ses malaises sans se déchirer, il est essentiel qu'un conjoint ne déforme pas les faits, les gestes, les paroles de l'autre. Cela dit, il est possible qu'une parole qui semble anodine au regard extérieur déclenche une grande souffrance pour l'autre dans une relation amoureuse.

Antoinette, par exemple, peut ressentir une profonde jalousie quand elle voit son mari en conversation prolongée et animée avec une autre femme parce qu'elle a connu dans le passé des expériences réelles de trahison, de tromperie, de mensonge. Elle peut donc être habitée par une zone de sensibilité très

> grande à ce sujet, à cause de son histoire passée. C'est d'ailleurs ce qui peut l'amener à exagérer la réalité extérieure. Aussi, pour éviter les déformations, il est important qu'elle distingue bien ce qu'elle vit de ce qu'elle observe. Autrement, elle risque d'attribuer à Gaston la responsabilité de sa souffrance et de lui faire subir des conséquences qui ne lui appartiennent pas mais qui s'adressent à ses anciens amoureux. C'est ce qu'elle fait quand elle lui dit : «Quand tu vois une belle femme, tu ne sais pas te contrôler. Je parie que tu lui as donné un rendez-vous galant.»

Il est possible que ces paroles ne concernent pas Gaston mais plutôt Pierre, Luc ou Sébastien qu'elle a connus auparavant. Dans ce cas, le problème ne se situe pas dans le fait qu'Antoinette soit habitée par une charge émotionnelle énorme. La présence de cette charge est normale puisqu'elle résulte d'expériences vécues. Il est essentiel de ne pas la juger. Cependant, Antoinette doit la dire autrement sans mêler son vécu subjectif avec la réalité objective présente et sans faire porter à Gaston le poids de son passé. Voici comment elle pouvait s'exprimer : «Ce soir, j'ai vécu une intense jalousie. Je me suis imaginée que tu reverrais cette femme et que tu me trahirais comme les autres amoureux que j'ai eus (subjectivité) mais quand je m'arrête à mon expérience avec toi et que j'en reste aux faits, je vois bien que tu es honnête et que je n'ai pas de raison d'avoir peur (objectivité). Par contre, j'ai une demande à te faire. Quand nous sortons tous les deux avec des amis, j'aimerais qu'à quelques reprises au cours de la soirée, tu aies un geste d'affection envers moi, que tu me fasses un clin d'œil ou que tu me dises une petite parole chaleureuse et complice.»

5. *Faites des demandes claires*

En distinguant sa réalité intérieure de la réalité extérieure, Antoinette peut s'exprimer de façon telle qu'elle ne suscitera ni conflit, ni fermeture, ni éloignement mais plutôt de la compréhension, de la complicité et de l'amour. De plus, cette nouvelle manière d'aborder la communication a pour avantage d'amener chacun des conjoints à identifier ses besoins et à les exprimer clairement. C'est d'ailleurs ce que fit Antoinette lorsqu'elle demanda à Gaston de lui accorder de petites attentions lors de leurs sorties avec d'autres personnes.

Il est très fréquent que les amoureux aient des difficultés de communication parce qu'ils ne savent pas exprimer leurs besoins. En voici quelques exemples :

« C'est le vernissage de Théberge, ce soir. Tu veux y aller ? »

« Je te remercie pour ta générosité ! » dit Éva à son mari qui ne l'aide pas à faire la vaisselle.

« J'aurais besoin d'un homme fort pour transporter ce meuble. »

« Tu ne me réponds jamais quand je te parle. »

« La table n'a pas encore été mise ! »

« Je ne pense pas que je pourrai terminer mon repas à temps. C'est long de tout faire toute seule. »

Chacune de ces phrases cache un besoin non exprimé. Elles supposent que l'autre devine et elles sont causes de malentendus et de confusion. Aussi, pourraient-elles être exprimées ainsi sans tonalité de blâme ni de culpabilisation :

« C'est le vernissage de Théberge ce soir. J'aimerais bien y aller et j'aimerais surtout que tu m'accompagnes. Tu veux bien ? »

« Veux-tu m'aider à faire la vaisselle s'il te plaît ? »

« J'ai besoin de ton aide pour transporter ce meuble. »

« Je t'ai posé une question et tu ne m'as pas répondu. Tu peux me donner une réponse s'il te plaît ? »

« J'apprécierais que tu mettes la table. »

« J'ai peur de ne pas terminer la préparation du repas à temps. Peux-tu m'aider ? »

L'expression claire du besoin est une autre façon de communiquer qui n'entraîne aucune ambiguïté. J'encourage les amoureux à identifier leurs besoins, à remplacer les sous-entendus par des demandes précises et à développer leur vision juste de la réalité extérieure pour ne pas qu'elle soit déformée par leur vécu. Ainsi, au lieu de dire, par exemple :

« Tu te renfermes toujours dans ton bureau pour travailler et tu me laisses toujours toute seule. » (mélange de l'objectivité et de la subjectivité), ils pourront être plus précis en disant :

« Quand tu te retires dans ton bureau pour travailler (objectivité), je me sens seule et tu me manques » (subjectivité). Cette façon de parler de soi plutôt que de parler pour l'autre, sur l'autre ou de l'autre, rapproche ceux qui s'aiment, surtout s'ils y ajoutent une grande ouverture à l'écoute.

6. *Écoutez l'autre attentivement*

La plupart des problèmes de communication résultent d'un manque d'écoute. Il existe toutefois des moyens concrets pour favoriser l'écoute dans les relations affectives. Il est d'abord important que les conjoints s'impliquent globalement et totalement dans l'acte d'écouter. Il ne suffit pas d'entendre ce que l'autre dit tout en faisant autre chose.

Il vaut mieux consacrer vingt minutes de concentration totale à l'écoute de l'être aimé que deux heures avec un esprit ailleurs.La personne écoutée doit sentir que rien d'autre ne préoccupe son amoureux qu'elle-même.

Il n'y a pas d'écoute véritable sans une attention entière à l'autre. Celui qui parle doit être assuré qu'il est important pour l'autre dans l'ici et maintenant de la relation. Il a besoin d'une attitude attentive, chaleureuse et silencieuse. L'écoutant doit être présent avec son corps, son cœur et sa tête. De plus, il est essentiel qu'il soit capable d'écouter jusqu'au bout sans interrompre pour parler de lui-même. Cette dernière exigence est la plus difficile à remplir. L'expérience m'a appris que la tendance naturelle de la plupart des gens est d'intervenir sur la parole de l'autre dès qu'ils ressentent un malaise. C'est pourquoi j'encourage fortement les conjoints à pratiquer une écoute sans intervention, à laisser l'être aimé terminer sa parole avant de parler à leur tour, et ce, même si son message fait mal parce qu'il interpelle trop. Une telle écoute est fondamentale pour arriver à se comprendre et à assurer une satisfaction dans la relation amoureuse.

Donc, bien écouter la personne aimée, c'est :

a. lui accorder une attention totale ;

b. la laisser parler sans l'interrompre ;

c. la reformuler.

La reformulation a été souvent rejetée sous prétexte qu'elle n'était qu'une répétition inutile des paroles de l'autre. Je crois, au contraire, qu'elle est un outil indispensable au bon écoutant quand elle est bien comprise. Il ne s'agit pas d'agir en perroquets mais de signifier à l'être aimé qu'on est présent et qu'on l'a bien entendu. La reformulation permet à l'émetteur dont le message a été déformé, de bien situer le récepteur pour que la communication ne se perde pas dans l'interprétation. Une bonne reformulation ne reflète pas seulement les faits mais aussi le vécu. En voici un exemple :

— Je n'aime pas quand nous rendons visite à tes parents, dit Laure à Léopold. Je ne te reconnais plus quand tu es avec ta mère. Tu es d'accord avec tout ce qu'elle dit même quand il s'agit de sujets que tu n'approuves pas généralement.

— Tu es mal à l'aise quand nous allons dans ma famille et tu trouves que je ne suis plus moi-même.

Sans répéter les mots textuels de Laure, Léopold lui reflète son vécu et les faits sans déformer son message. Il aurait été facile pour lui de réagir défensivement et de dire, par exemple :

— Tu n'aimes pas ma mère. Ça te dérange parce que j'ai une bonne relation avec elle. Je crois que tu es jalouse.

En reformulant objectivement le message de Laure, Léopold démontre qu'il est bien à son écoute. De cette façon, se sentant comprise et bien reçue, elle ne poursuivra probablement pas sa conversation de manière défensive. Voyons sa réponse :

— Oui, c'est ça. En fait, ça me fait de la peine quand tu n'existes pas devant ta mère. Je voudrais qu'elle te voie tel que tu es. Tu as des idées merveilleuses. C'est dommage que tu ne te donnes pas la liberté de les exprimer.

— Ça te fait mal que ma mère ne sache pas que j'ai des opinions intéressantes.

Cette reformulation permet à Laure d'aller au bout de sa pensée et de parler d'elle sans se sentir menacée. Pour permettre cette expression de son épouse, Léopold a dû se centrer sur elle et être très attentif à tout ce qu'elle a dit pour ne pas interpréter ses paroles. Bien qu'elle soit véritablement utile, spécialement dans les moments où le conjoint-écoutant est émotivement atteint, la reformulation ne doit pas nécessairement être utilisée à chacune de ses interventions. Elle deviendrait ainsi une interférence à l'écoute. Elle n'a de sens et de valeur que lorsqu'elle permet à l'écoutant :

- d'être entièrement à l'écoute de son conjoint ;
- de comprendre son message et de le recevoir avec objectivité sans le déformer ;
- de se protéger contre ses propres réactions défensives quand les paroles de l'être aimé le touchent désagréablement.

Ainsi, au lieu de se laisser glisser dans les pièges de l'explication, de la justification, du reproche, de la culpabilisation, de l'accusation ou de la prise en charge, il tentera de distinguer ce qu'il entend objectivement de ce qu'il ressent et l'exprimera par une reformulation. Cette démarche est impossible sans écoute de lui-même.

7. *Écoutez ce que vous ressentez pendant que l'autre parle*

Il n'y a pas de véritable écoute de l'être aimé, dans une relation de couple, sans écoute de soi.

Les plus grandes difficultés d'écoute prennent leur source chez l'écoutant dans le manque d'attention à ce qui se passe en lui-même dans l'ici et maintenant de la communication pendant que l'autre parle.Non conscient qu'il est touché, il répond de façon défensive et provoque le conflit.

L'apprentissage à l'écoute de soi est essentiel pour bien communiquer mais il résulte, dans la plupart des cas, d'une démarche à long terme. En effet, comme nous avons appris, enfants, à nous défendre contre nos émotions et nos besoins pour être aimés de nos premiers éducateurs et que nous avons mis quelques années à intégrer ce fonctionnement pour ne pas souffrir, nous avons aujourd'hui à faire le chemin inverse pour satisfaire notre besoin viscéral d'amour dans nos relations affectives. Lorsque nous nous défendons contre notre vécu, nous attirons généralement le contraire de ce que nous recherchons. Au lieu d'atteindre l'harmonie relationnelle et de satisfaire nos besoins psychiques fondamentaux, nous nous heurtons à la discorde, à l'incommunicabilité et, conséquemment à la souffrance. Ce n'est que lorsque nous identifions et exprimons authentiquement notre vérité profonde que nous pouvons rencontrer la personne aimée au niveau du cœur et nourrir notre vie affective.

Lorsque Rita parle à Adrien de la façon suivante, elle est défensive et elle risque de s'attirer une réponse qui ne la satisfasse pas.

— Tu n'as jamais le temps de t'occuper des enfants. C'est moi qui dois tout faire dans cette maison. Il n'y a que ton travail et tes amis qui comptent pour toi. Tu critiques constamment ton père parce qu'il n'était jamais présent. Tu lui ressembles. Tu agis de la même façon que lui avec ta famille.

Devant de telles accusations, que se passera-t-il pour Adrien ? Il peut très bien répondre par la défensive, ce qui serait tout à fait normal mais n'assurerait pas nécessairement le rapprochement.

— Et toi? Tu sais à qui tu ressembles? Le vrai portrait de ta mère, aussi agressive, contrôlante et méchante qu'elle. Tu t'imagines que tu es parfaite ? Comment veux-tu que j'aie envie d'être à la maison plus souvent avec une femme telle que toi.

Aussi dures que puissent être ces paroles, elles n'en sont pas moins le reflet de la réalité de nombreux couples.

Exaspérés et profondément malheureux, plusieurs conjoints s'enfoncent dans la souffrance par leurs comportements défensifs inconscients. Ils ne sont généralement pas méchants mais plutôt impuissants à sortir du tourbillon infernal dans lequel ils s'enlisent chaque jour davantage sans trop savoir comment s'en sortir.

Dans l'exemple qui précède, Rita et Adrien mêlent tous les deux la réalité objective et la réalité subjective. Pour émerger de leur sentiment d'impuissance, il est essentiel qu'ils apprennent à écouter ce qu'ils ressentent pendant que l'autre parle. Ainsi, au lieu d'accuser, ils pourront faire la distinction entre ce qu'ils ont entendu (objectivité) et ce que ces paroles leur font vivre (subjectivité). Cette démarche d'accueil de soi n'est pas évidente parce qu'elle passe par l'acceptation de ce qui a été rejeté dans l'enfance. Si, par exemple, Rita a été ridiculisée dans l'expression de sa peine, elle en aura honte. Aussi, spontanément, s'en défendra-t-elle. C'est donc dire que l'accueil de ses émotions et de ses besoins demande de lever la honte et c'est là le plus difficile. Souvent, un cheminement avec une personne compétente qui fait vivre une nouvelle expérience relationnelle, une expérience prolongée d'acceptation, est nécessaire pour susciter le changement souhaité. Chez certaines personnes, ce cheminement est plus long que chez d'autres. Tout dépend de l'histoire personnelle et de la plus ou moins grande intensité de la honte.

Revenons à la réaction d'Adrien et voyons s'il pourrait répondre autrement à l'accusation de Rita. Comment s'exprimerait une réponse non défensive ? Une telle réponse ne peut résulter que d'une double écoute simultanée : l'écoute de l'autre et l'écoute de soi. La première s'exprime par la reformulation objective et la seconde par l'expression authentique de son vécu et de ses besoins.

— Tu trouves que je suis trop souvent absent, que j'accorde plus d'importance à mon travail et à mes amis qu'à ma famille et qu'en cela, je ressemble à mon père que je critique (objectivité). C'est dur pour moi de t'entendre parce que je suis profondément blessé par tes paroles. Tu as raison. Je manque de présence et d'attention. Si tu savais à quel point je suis déchiré à l'intérieur de moi et à quel point je suis envahi par la culpabilité. Mais la vérité, c'est que j'ai peur. J'ai très peur de subir tes accusations quand j'arrive ici (subjectivité). Voilà pourquoi je fuis dans le travail et avec les copains. Je me rends bien compte que plus je fuis, plus tu me fais des reproches, ce qui est tout à fait normal (objectivité). C'est difficile pour moi de te dire la vérité. J'ai peur de te blesser et d'être rejeté, mais j'aimerais tellement me rapprocher de toi et vivre une relation de complicité plutôt qu'une relation destructrice avec toi (subjectivité).

Il est évident que pour répondre à Rita de cette manière, Adrien a dû prendre conscience de ce qui se passait en lui-même. Cette prise de conscience permet d'identifier la peine, la colère, la peur, l'insécurité, l'infériorité, l'impuissance ou la culpabilité. Elle permet aussi d'accueillir les besoins d'être aimé, valorisé, accepté, écouté, supporté, accompagné, ou le besoin de liberté.

En réalité, l'écoute de soi n'est rien d'autre que l'établissement d'une relation intérieure entre la conscience rationnelle et le monde émotionnel.

La raison coupée de l'émotion brise le lien intérieur, ce qui produit des réactions défensives. Harmoniser la tête et le cœur, c'est prendre le seul chemin qui, à mon avis, mène à cette relation harmonieuse avec l'être aimé. Voilà pourquoi les conjoints ont avantage à s'écouter tout en écoutant l'autre. Cette double écoute les sortira de la confusion parce qu'elle est à la fois objective et subjective. Ils pourront ainsi, au lieu de se défendre et de provoquer les malentendus, se laisser toucher par l'être aimé pour lui exprimer leurs besoins et leurs émotions agréables ou désagréables. Pour réaliser cette forme d'expression authentique, j'encourage les conjoints à s'aider mutuellement à exprimer ce qu'ils ressentent quand ils deviennent défensifs. Identifier sa vérité profonde est d'ailleurs la seule façon de pouvoir donner à l'autre un feed-back.

8. *Donnez un feed-back*

Le mot feed-back vient de l'anglais « to feed » qui veut dire « nourrir » et « back » qui signifie « retour ». Je ne connais pas d'expression française assez précise pour remplacer ce mot sans réduire la signification que je lui accorde ici. Donner un feed-back à l'être aimé, c'est le « nourrir en retour ». Un échange sans feed-back risque donc de laisser les conjoints avec un manque affectif.

J'ai déjà parlé du feed-back dans mon livre *Éduquer pour rendre heureux*, et je ne peux parler de communication dans la relation de couple sans développer cet élément indispensable à la rencontre amoureuse. Comme un grand nombre de conjoints se parlent sans trop s'écouter l'un l'autre, ils sont loin de pouvoir se donner ce feed-back nourrissant affectivement.

L'exemple qui suit le montre bien.

— J'aimerais bien qu'on se parle plus souvent de nous, dit Émile.

— Et moi, j'aimerais qu'on fasse plus d'activités ensemble, répond Laure.

— J'apprécierais aussi avoir du temps pour moi, ajoute Émile.

Cette communication, qui semble respecter certaines propositions précédentes, est loin d'être satisfaisante. Chacun y parle de lui-même et chacun y exprime ses besoins sans se défendre. Cependant, il n'y a pas d'écoute, encore moins de feed-back. Pour mieux comprendre en quoi consiste cette « nourriture en retour », voyons ce que Laure aurait pu répondre à Émile.

— Tu as besoin de plus de communication intime entre nous (écoute objective de l'autre). Ça me fait plaisir que tu me fasses cette demande. Je me sens importante pour toi (écoute de soi). Je suis pleinement d'accord avec toi et je souhaiterais qu'on consacre des moments précis pour le faire (feed-back).

Plus que l'expression de ce que l'on ressent quand l'autre parle, le feed-back est une réponse à son message. Ainsi, quand les conjoints se sont entendus sur la proposition d'Émile, qu'ils se sont mis d'accord pour les rendez-vous de communication et qu'ils se sont fixé des heures précises dans leurs agendas respectifs pour les réaliser, Laure peut, à son tour, faire sa propre demande.

— Est-ce que ton besoin est satisfait Émile? Es-tu prêt à entendre le mien?

— Avec plaisir. Merci de m'avoir écouté et de m'avoir donné un feed-back.

— Pour ma part, j'aimerais aussi, en plus de ces moments privilégiés de rencontre, que nous fassions plus d'activités ensemble. Nous sommes tellement pris par le travail, les enfants et toutes les autres responsabilités que nous ne prenons pas le temps de nous adonner à des activités récréatives et amusantes tous les deux.

— En fait, tu souhaiterais qu'on partage aussi des moments pour avoir du plaisir ensemble (écoute objective de l'autre). Quand tu dis ça, je me sens plein d'enthousiasme et, en même temps, j'ai peur (écoute de soi). J'ai très envie d'occupations divertissantes avec toi mais je ne voudrais pas les multiplier au point de ne plus avoir de temps pour moi. Tu connais mon besoin de solitude dans la nature pour me ressourcer. Aussi, j'accepte ta proposition mais je souhaiterais qu'on se limite à une seule activité et qu'on la pratique une fois par semaine. Qu'en dis-tu (feed-back) ?

D'après la réplique d'Émile, nous voyons que le feed-back n'est pas une réponse vague et confuse mais une réponse très précise au message de l'autre qui suscite le changement par le passage à l'action. De plus, nous pouvons constater qu'Émile tient compte de Rita. « Qu'en dis-tu? » lui demande-t-il ? Son message ne peut être que très nourrissant pour sa conjointe parce qu'elle aura été bien entendue et parce qu'elle sera reçue de l'intérieur par Émile qui s'est laissé toucher par elle. Il l'a bien manifesté en exprimant sa peur et son enthousiasme. La nourriture affective de Rita sera complétée par le feed-back, c'est-à-dire par la réponse précise de son mari à sa demande.

Je ne saurais trop insister sur l'importance du feed-back dans les communications. La tendance à se défendre ou à parler trop vite de soi prive les amoureux d'une nourriture indispensable sur le plan affectif. Il est donc important, pour se donner le cadeau d'une rencontre substantielle, de répondre le plus souvent possible à la parole de l'autre par ces trois moyens :

- la reformulation objective (écoute de l'autre) ;
- l'expression du vécu et des besoins (écoute de soi) ;
- le feed-back (réponse précise à la demande).

Dans certains cas, le feed-back amène une négociation. Ce n'est que lorsque les deux conjoints se sont entendus sur le besoin de l'un que l'autre peut parler de ses propres besoins et de ses propos. Pour mieux comprendre ce que j'avance, voici le processus de la communication réussie :

<u>message du premier conjoint</u>

↓

réponse du second en trois temps :

• reformulation ;

• expression des émotions et des besoins ;

• feed-back ;

↓

négociation à partir du feed-back (s'il y a lieu) ;

<u>message du deuxième conjoint</u>
↓
réponse du premier en trois temps :
• reformulation ;
•expression des émotions et des besoins ;
• feed-back ;
↓
négociation à partir du feed-back ; etc.

Je suis consciente que cette liste d'étapes à suivre peut sembler systématique et un peu trop contraignante. Mon but n'est pas de l'imposer mais de la proposer comme un moyen d'intégrer une façon de communiquer dans la relation de couple qui soit beaucoup plus satisfaisante. Elle n'a de sens que si elle est prise comme un moyen d'apprentissage et non comme un ensemble de règles à suivre. Les amoureux ont besoin de moyens concrets pour intégrer un mode de communication qui soit plus nourrissant tout comme le pianiste a besoin d'apprendre ses notes et ses gammes pour en arriver un jour à s'en détacher et à devenir créateur.

Quand ils ont bien intégré chacune des étapes dans leur période de communication, les amoureux sont en mesure de s'exprimer de façon satisfaisante parce que le cadre ne les dérange plus. En attendant, je les encourage à suivre ce processus parce qu'il s'est avéré très efficace chez de nombreux couples qui avaient de sérieuses difficultés relationnelles. Nous le poursuivrons donc en nous arrêtant spécialement à la négociation.

9. *Prenez le temps de négocier*

Négocier dans la relation de couple, c'est se mettre d'accord sans qu'il y ait de gagnant ni de perdant. Cependant, la négociation sans gagnant ni perdant n'est véritablement possible que s'il y a d'abord écoute de l'autre, écoute de soi et feedback. Dans ce cas, chacun saura s'occuper de lui-même tout en tenant compte de l'autre et surtout sans négliger le troisième élément qu'est la relation. Il arrive parfois que chacun des amoureux accepte de perdre quelque chose au profit de la relation. Ce qui donne le sentiment d'être gagnant, dans ce cas, c'est que le besoin d'une relation amoureuse heureuse est tellement fort qu'il compense pour la perte encourue.

Rien de mieux qu'un exemple pour rendre mon explication plus concrète. Suivons la conversation de Jacqueline et de Pierre-Paul.

— Depuis quelques semaines, je suis habitée par un rêve qui m'enthousiasme énormément. Au cours de nos deux mois de vacances de l'été prochain, j'aimerais aller en Espagne pour apprendre l'espagnol. Je sais qu'à Barcelone, il y a une école qui reçoit des étudiants de plusieurs pays. C'est une ville magnifique. J'aimerais beaucoup que tu m'accompagnes et que tu t'y inscrives aussi.

— Tu veux aller en Espagne pendant nos deux mois de vacances pour apprendre l'espagnol et tu veux que j'aille avec toi (reformulation) ?

— C'est ça. Qu'en penses-tu ?

— J'avoue que ton projet me secoue énormément. Il me bouleverse même. Je reconnais qu'il peut être intéressant mais il suscite en moi une sorte de déchirement (écoute de soi). L'idée d'aller en Espagne me plaît mais je n'ai aucune envie de passer mes vacances à étudier une langue étrangère. J'ai surtout besoin de décrocher de toute forme d'apprentissage intellectuel (feed-back). J'ai très peur de te décevoir (écoute de soi) mais j'aimerais bien qu'on en parle pour voir s'il est possible de conjuguer nos deux besoins (ouverture à la négociation).

— C'est vrai que je suis déçue (écoute de soi) mais j'apprécie le fait que tu ne sois pas fermé à mon projet et que tu me proposes d'en parler (feed-back). Qu'avais-tu prévu pour toi, pendant les prochaines vacances ?

— J'aurais souhaité en prendre une partie pour voyager et l'autre pour écrire. Tu sais, ces contes que je racontais aux enfants quand ils étaient tout petits, j'aimerais bien les mettre sur papier pour les publier. Ton projet de voyage en Espagne m'intéresse mais pas les cours. Tu as toi aussi un projet intéressant et je me demande comment le conjuguer avec le mien parce que je tiens à passer ces vacances avec toi.

— J'ai une idée ! Que dirais-tu d'apporter ton ordinateur portatif et d'écrire pendant que je suivrais mes cours ? Je suis prête à prendre six semaines de cours au lieu de huit et de voyager sur l'Espagne après mon stage. Cette proposition te convient-elle ?

— Je suis très sensible au fait que tu tiennes compte de moi, Jacqueline. J'ai moi aussi le besoin d'être avec toi, cet été. J'aurais préféré écrire dans mon bureau mais je suis tellement touché par l'effort que tu fais que je suis prêt aussi à collaborer. J'accepte ta proposition.

Nous voyons par cet exemple que Jacqueline et Pierre-Paul ont dû tous les deux faire des concessions au profit de la relation mais ils n'ont pas, ni l'un ni l'autre, le sentiment d'être perdant parce que ce qu'ils gagnent est plus important que ce qu'ils perdent. Chacun s'est occupé de son besoin sans être égoïste et sans oublier leur relation. C'est là le secret d'une bonne négociation dans la relation de couple. Elle suppose que soient toujours pris en considération les trois éléments suivants :

- s'occuper de ses besoins ;
- tenir compte des besoins de l'autre ;
- donner une place importante à la relation.

Je crois qu'un tel type de négociation est facilité lorsque chacun des conjoints a développé une habitude à la reconnaissance de l'autre.

10. *Sachez reconnaître les forces et les richesses de l'être aimé*

La relation qui unissait Andrée-Anne et Denis était plutôt froide. Les reproches qu'ils se faisaient constamment l'un l'autre étaient reçus avec indifférence. Ils en avaient souffert au cours des premières années de leur relation mais ils avaient tous les deux démissionné et ne tentaient même plus de se défendre par l'explication ou la justification comme ils le faisaient auparavant. C'était devenu une habitude dans leur couple de blâmer l'autre de ses propres frustrations, peut-être même le seul moyen de se parler.

Plusieurs couples se réfugient dans la résignation quand ils sont impuissants à régler leurs problèmes de communication. Malheureusement, cette résignation n'est pas seulement l'expression d'une impuissance mais le visage même d'un amour qui a perdu de sa force et de son intensité.

Les blâmes répétés anesthésient l'amour lorsque les émotions et les besoins qu'ils cachent ne sont pas identifiés. Les conjoints finissent alors par fonder leur relation sur l'habitude plutôt que sur les sentiments. En réalité, tant que le conflit fait réagir, il y a beaucoup d'espoir parce que chacun y est encore atteint émotivement. Mais quand l'insensibilité et l'indifférence remplacent les comportements réactifs, c'est généralement que la souffrance a été trop grande et que les conjoints ne la ressentent plus.

Andrée-Anne et Denis étaient deux personnes résignées. Leur vie était assez terne jusqu'au jour où, sollicité à plusieurs reprises par un collègue de travail, Denis accepta de participer à une journée de séminaire animée par un thérapeute américain sur le thème de l'espoir. Il ne savait pas trop pourquoi il s'inscrivait à ce genre d'événement. Il se demanda ce qu'il espérait. Depuis une dizaine d'années, il se contentait d'accomplir son travail, d'assurer la survie de sa famille sans trop se poser de questions. Il considérait que c'était son devoir. Mais en s'arrêtant un peu plus longtemps, il réalisa qu'il y avait, caché au fond de lui-même, un espoir de sortir de sa routine quotidienne et de son apathie. Sa plus grande motivation était son fils qui lui reflétait tous les jours sa propre image, une image qu'il avait du mal à supporter. Par rapport à sa femme, il avait depuis longtemps perdu l'espoir de la retrouver comme autrefois.

L'espoir ! Que puis-je espérer, se demanda-t-il ? C'est avec beaucoup d'appréhension et aussi avec une certaine curiosité qu'il se rendit au lieu du séminaire, un samedi ensoleillé du mois d'octobre, regrettant de ne pas profiter de ce soleil pour nettoyer son terrain avant l'hiver.

Quand il me parla de cette expérience, Denis réalisa qu'il avait oublié une grande partie des messages lancés par l'animateur au cours de cette journée. Il en était toutefois sorti avec un mot, un mot qui l'avait atteint au plus profond de son être : le mot « gratitude ». Seuls les exemples vécus qui avaient été racontés ce jour-là à propos de la gratitude l'avaient rejoint au point qu'ils avaient fait fondre son indifférence. À ce moment précis du séminaire, il se sentit encore vivant. C'est la gratitude qui sema en lui, pour la première fois depuis dix ans, l'espoir d'une renaissance de lui-même et de son couple.

Quand il rentra chez lui après cette expérience, il comprit que quelque chose de profond avait été touché en lui.

« Gratitude ». Il se répétait ce mot inlassablement. « Gratitude ». Il salua Andrée-Anne et la remercia de l'accueillir dans une maison aussi propre et aussi bien rangée. Elle le regarda, surprise, sans dire un mot. Au cours du repas, il la félicita pour son excellente cuisine.

Un soir, alors qu'ils partaient ensemble à une fête de bureau, il s'arrêta devant elle et, pour la première fois depuis dix ans, il lui dit : « Tu es une belle femme Andrée-Anne. Je suis fier que tu m'accompagnes ce soir. » Ces paroles la touchèrent profondément. Elle n'avait jamais été rejointe aussi intensément par Denis. Les larmes aux yeux, elle le regarda et lui dit simplement : « Merci. »

Tant qu'il avait valorisé sa cuisine, son sens de l'ordre et de l'organisation et ses talents de couturière, elle n'arrivait pas à croire à ses compliments. Mais quand il la reconnut pour ce qu'elle était, elle se sentit soudainement exister à ses yeux. Elle ne savait pas qu'elle avait besoin de cette reconnaissance. Ce soir-là, elle se rendit compte qu'elle aimait toujours cet homme. Elle vibra sous son regard et sentit le désir rejaillir en elle lorsqu'il lui prit doucement le bras pour l'entraîner dans la voiture.

L'histoire de Denis et d'Andrée-Anne n'est pas un conte. Elle résulte d'une expérience réelle. Quand ils me l'ont racontée, elle a semé en moi le désir d'offrir aux couples résignés et découragés l'espoir de s'en sortir. Le chemin de la gratitude n'est pas une voie magique qui règle tous les problèmes d'un seul coup. Denis m'avoua qu'au cours de son processus de transformation, il a constamment appliqué cette approche avec lui-même. Tous les matins et tous les soirs, il se reconnaissait des forces, des talents, des qualités, des gestes qu'il avait faits ou des paroles qu'il avait dites. Cette autovalorisation l'aidait à ne pas cesser de voir le beau et le bon chez les autres. Ce qui l'encourageait aussi à poursuivre, c'est que le nouveau regard qu'il portait sur sa femme la rendait réellement plus précieuse à ses yeux. Il ne prononçait donc pas des paroles mécaniques pour actualiser une technique de communication. Il parlait vraiment avec son cœur. N'est-ce pas d'ailleurs parce qu'il avait été rejoint dans son être sensible qu'il avait entrepris la démarche qui l'a rapproché de sa conjointe ?

Je ne saurais trop insister sur l'importance de la valorisation dans la relation de couple. Lorsqu'elle est sentie et exprimée authentiquement, elle fait fondre les résistances et fait renaître l'amour.

Remplacer le reproche par l'expression de la reconnaissance, c'est créer une ouverture qui favorise la rencontre amoureuse et la communication intime. Introduisez la valorisation et la gratitude dans votre vie amoureuse. Vous vous sentirez renaître à la vie, vous verrez fleurir et s'épanouir celui ou celle que vous aimez et vous nourrirez l'amour et la tendresse dans votre relation.

Ne croyez pas toutefois que la reconnaissance éliminera tous vos problèmes. Elle les adoucira considérablement surtout si, lors de vos conflits ou de vos malentendus, vous savez reconnaître vos erreurs.

11. *Sachez reconnaître vos erreurs*

La tendance à mettre l'être aimé responsable de ses problèmes, de ses choix, de ses émotions désagréables et de ses besoins non satisfaits a pour conséquence une grande difficulté à prendre le pouvoir sur sa propre vie et à devenir affectivement autonome. Pour se soustraire du pouvoir qu'ils prennent sur la vie de l'autre, les conjoints doivent apprendre à reconnaître leurs erreurs et même, dans certains cas, à s'excuser. Cette démarche est parfois pénible pour certains. En voici un exemple :

> Louis avait trente-deux ans lorsqu'il a connu Victor. Il en était à sa sixième relation amoureuse. Ses histoires d'amour ne duraient jamais plus de deux ans.
>
> Aussi, quand, après deux ans de vie commune Victor manifesta le projet de le quitter, Louis s'effondra. C'en était trop. Il est vrai qu'ils se disputaient souvent mais, après deux ou trois heures de distance, Victor revenait toujours vers lui, repentant. En fait, Louis ne se rendait pas compte qu'il ne reconnaissait jamais sa part de responsabilité dans leurs conflits. C'était toujours son amoureux qui faisait les premiers pas. Louis agissait en sorte que ses conjoints se sentent constamment coupables et toujours

fautifs en sa présence. C'est précisément cette culpabilité insoutenable qui les faisait fuir.

Leur dernière dispute s'était produite à la suite d'un souper qu'ils avaient partagé dans un restaurant marocain du quartier gai de la ville. Au cours du repas, Louis avait posé régulièrement son regard sur un jeune homme blond qui mangeait seul à la table voisine de la leur. D'abord mal à l'aise de perdre son attention, Victor lui exprima son besoin de communiquer avec lui, sans interférence. Malgré son insistance, il ne réussit pas à déloger les yeux de son amoureux de ce mystérieux garçon.

Au retour à leur appartement, Victor exprima sa frustration à Louis et lui reprocha son attitude distante au cours de leur repas en tête-à-tête. Comme d'habitude, ce dernier lui rétorqua avec agressivité qu'il refusait de se laisser posséder par un homme jaloux et centré sur lui-même et qu'il avait droit à sa liberté. Dès que Louis parlait de jalousie et de possessivité, Victor se sentait anormal et coupable. Aussi, finissait-il toujours par s'excuser de ses comportements. Ce soir-là, il n'arrivait pas à le faire. Lorsqu'ils se couchèrent, leur conflit n'était pas résolu. Contrairement à ce qu'il faisait habituellement, Victor n'alla pas demander pardon à Louis. Bouleversé, il en parla le lendemain à sa meilleure amie qui lui fit remarquer son fonctionnement. «Tu as tellement peur de perdre quand tu aimes un homme, que tu acceptes tout. Tu prends sur tes épaules la responsabilité des erreurs de Louis. Voilà pourquoi tu es si malheureux et confus. La vérité, c'est qu'il est fautif et qu'il refuse de l'admettre.»

La franchise de Lyne interpella Victor qui dut reconnaître qu'effectivement, il acceptait toujours l'inacceptable pour être aimé et surtout pour ne pas perdre l'être aimé. Il prit conscience qu'au cours des deux années de leur relation, Louis n'avait jamais reconnu qu'il s'était trompé ou que son action ou sa parole n'avaient pas été justes. Toutes leurs discordes s'étaient terminées grâce au fait qu'il avait fait les premiers pas et en avait pris l'entière responsabilité.

Ce soir-là, quand il revint chez lui, Louis n'y était pas. C'était d'ailleurs son moyen d'éveiller chez Victor la peur de perdre qui le faisait s'agenouiller. Aussi, quand il arriva tard dans la soirée, au lieu de trouver un amoureux contrit, il fit face à un homme différent. Plutôt que de s'excuser comme il le faisait toujours pour trouver l'harmonie, Louis lui dit qu'il ne pouvait plus vivre avec une personne qui ne reconnaissait jamais ses erreurs. Il lui remit les étiquettes injustifiées de « jalousie » et de « possessivité » et il partit.

Quand j'ai rencontré ces deux hommes merveilleux, ils vivaient ensemble depuis plus de sept ans. Le soir du départ de Victor, Louis comprit qu'il avait un sérieux problème et qu'il devait s'en occuper. Une réflexion profonde lui fit découvrir qu'il avait une peur inconsciente intense de reconnaître ses erreurs. Quand il était enfant, il ne se sentait aimé et valorisé que lorsqu'il était parfait. Toute imperfection et toute erreur lui attiraient le mépris, l'humiliation ou le rejet de ses principaux éducateurs. Il avait donc inconsciemment compris, par ses expériences d'enfant et d'adolescent, que l'amour se paye du prix de la perfection. Reconnaître une erreur, c'était donc perdre à coup sûr l'amour de ceux qu'il aimait.

C'est souvent l'histoire de ceux qui ont du mal à dire : « Je me suis trompé, excuse-moi » ou « Pardonne-moi, je t'ai accusé injustement » ou encore « Je regrette de t'avoir blessé. J'ai eu tort d'agir ainsi ». Il ne s'agit pas d'agir comme Victor et de prendre sur ses épaules les erreurs du conjoint mais de bien discerner les nôtres et de les reconnaître.

Quand, dans une relation amoureuse, un conjoint refuse d'admettre ses fautes, il suscite le ressentiment chez l'autre. Le ressentiment a ceci de terrible qu'il finit par anesthésier l'amour.

Le ressentiment prend la place des sentiments affectifs et empoisonne la relation. Une bonne façon de le faire disparaître réellement est la reconnaissance des erreurs. Cette reconnaissance a un effet presque magique. J'ai vu de nombreux couples se rapprocher et retrouver l'amour l'un pour l'autre quand chacun a eu la simplicité d'admettre sa part de responsabilité dans le conflit ou la distance qui les séparait. Si les conjoints étaient conscients des problèmes causés par ce phénomène, ils prendraient le temps, tous les deux, de revenir à eux-mêmes et de chercher, sans se culpabiliser, quel comportement et quelle parole ont pu provoquer leur discorde et entretenir le ressentiment destructeur. Cette démarche personnelle n'est possible que si chacun est véritablement soucieux d'authenticité.

12. *Soyez toujours authentique avec l'être aimé*

Au cours de cet ouvrage, je suis consciente que le mot « authenticité » est une sorte de leitmotiv. Il est, en effet, l'un des fondements de la réussite du couple et certainement l'élément indispensable à la communication intime.

Être authentique, c'est être vrai avec soi-même et avec l'autre ; c'est prendre ses points de référence en soi et non dans le regard des autres. Être authentique, c'est parler et agir en accord avec ses besoins, ses émotions, ses valeurs, ses opinions au risque de s'attirer le jugement, la critique et le rejet, au risque aussi de blesser et d'être blessé.

Beaucoup de conjoints s'empêchent de dire leurs malaises, d'exprimer leurs besoins ou d'affirmer leurs opinions parce qu'ils veulent éviter le conflit ou parce qu'ils ne veulent pas souffrir. Ce refus de la souffrance à court terme n'a pour effet que d'être la cause de souffrances beaucoup plus profondes.

Éloi ne voulait pas dire à son épouse qu'il n'aimait pas sa cuisine parce qu'il avait peur de la blesser. Il s'organisait pour manger le plus souvent possible au restaurant, sous tous les prétextes, ce qui lui attirait de perpétuels reproches « culpabilisants ».

Katy n'osait pas avouer à son mari qu'elle n'avait pas envie de faire l'amour. Elle se pliait à ses avances parce qu'elle avait introjecté qu'un homme non satisfait sexuellement avait des maîtresses. Elle en vint à éprouver du dédain pour son mari et par refuser d'être touchée par lui. C'est d'ailleurs elle qui, pour se prouver qu'elle n'était pas frigide, se trouva un amant.

Christian avait peur de dire à Agathe qu'il n'éprouvait plus d'attirance pour elle. Il lui disait qu'il l'aimait et redoublait d'intensité quand, sentant son détachement, elle lui exprimait son insécurité et sa difficulté à le croire. Malgré tout, elle s'effondra lorsqu'il la quitta brusquement parce qu'il n'avait plus la force de tenir son personnage.

Marc-André ne supportait pas de voir sa femme pleurer. Lorsqu'elle avait de la peine, il prenait tous les moyens pour la consoler. En réalité, il prenait en charge sa souffrance et s'organisait pour régler tous ses problèmes même si, parfois, il la trouvait lourde à supporter. Il était incapable de vivre avec l'impuissance, encore moins la culpabilité. Aussi, pour éliminer ces émotions désagréables, il ménageait son épouse et assumait la responsabilité de la rendre heureuse. Cette attitude finit par transformer la relation. Il réalisa un jour qu'il avait de l'affection pour Élise mais qu'il n'était plus amoureux d'elle. Il l'avait traitée beaucoup plus comme une enfant que comme une femme, par manque de courage. Il avait donc détruit, sans le vouloir, son amour pour elle.

Il est parfois difficile d'être authentique. Cela suppose que les conjoints ne se laissent pas dominer par la peur de blesser mais qu'ils soient plutôt motivés par le besoin d'une relation amoureuse saine et équilibrée.

Pour se donner ce type de relation, il est essentiel que chacun traite son conjoint comme un adulte responsable et non comme un enfant. L'homme a besoin d'une vraie femme pour vivre une relation amoureuse soutenue et la femme a besoin d'un homme qui s'assume comme tel. En ménageant et en prenant en charge, les conjoints s'infantilisent. Ménager l'autre, c'est un peu lui signifier qu'il est petit, c'est entretenir sa faiblesse et son manque de confiance, c'est l'empêcher de grandir, de devenir autonome et d'être un homme ou une femme à part entière.

Si vous voulez une relation de couple réussie, restez des adultes et agissez comme tel avec votre conjoint. N'en faites pas un enfant en le ménageant ou un parent en vous faisant prendre en charge. Quel qu'il soit, l'être humain a besoin de la vérité, même lorsqu'il est sur son lit de mort. Les témoignages de Marie DE HENNEZEL dans *La mort intime* en sont la preuve la plus vibrante. La vérité fait toujours moins mal que le mensonge. Elle confirme les perceptions, sécurise, situe clairement les amoureux l'un par rapport à l'autre. Évitez les non-dits. Parlez sans ménager, sans banaliser et sans dramatiser. N'altérez pas l'intensité de votre vécu et de vos besoins par peur de déplaire ou de déranger. Apprenez plutôt comment l'exprimer de façon responsable. Votre authenticité vous gagnera, à long terme, la confiance de l'être aimé, une sécurité relationnelle remarquable et entretiendra cet amour qui peut durer toute une vie.

Les couples heureux qui s'aiment pendant trente, quarante, cinquante ans et qui ne sont pas ensemble par résignation, sont des couples où l'homme reste un homme et où la femme n'est pas pour son mari, une mère ou une petite fille mais une vraie femme, une femme solide capable d'affronter la vérité quelle qu'elle soit.

Affronter la vérité ne signifie pas être impassible et stoïque mais, au contraire, être sensible et touché. Affronter la vérité, c'est être assez fort intérieurement pour naître et renaître de sa souffrance, pour devenir encore plus solide, plus authentique et plus humain.

C'est dans une telle relation entre deux adultes qui s'aiment que la communication intime est source d'épanouissement et de renaissance à l'amour. C'est aussi dans une telle relation entre un homme et une femme que peut se vivre une sexualité harmonieuse.

Chapitre 5
La sexualité

Je ne peux parler du bonheur du couple dans la pérennité sans accorder une place importante à la sexualité, c'est-à-dire à cette rencontre intime des corps généralement suscitée par le désir. Il s'agit là d'un sujet délicat qui a un lien très étroit avec la communication, laquelle favorise la rencontre des cœurs. Bien vécue, la sexualité peut contribuer à rapprocher les conjoints, ce qui n'est pas toujours le cas puisqu'elle est souvent une des principales causes de séparations et de divorces. Comment alors en faire une source de rapprochement qui contribue à assurer la durée du bonheur des amoureux dans la relation de couple ?

D'après les couples heureux que j'ai rencontrés, la réussite de la vie sexuelle repose sur trois grands secrets :

- la communication ;
- l'affranchissement de ses illusions ;
- l'acceptation des différences.

A. Communiquez

Chez les personnes qui s'aiment vraiment, la sexualité est une forme de communication, une rencontre des corps, des cœurs et des âmes. Sans amour véritable, elle condamne le couple à l'échec parce qu'elle ne vise alors que l'assouvissement des désirs sans considération pour l'échange profond, le lien, le partage.

Celui qui n'aime pas profondément ne saura traverser les périodes d'ajustement nécessaires de la vie sexuelle de son couple ; il ne saura composer avec les fluctuations de la passion et les frustrations causées par la différence des conjoints dans une vie de couple normale.

C'est précisément d'une communication satisfaisante dont ont besoin les conjoints pour maintenir le rapprochement dans les périodes difficiles au niveau de la sexualité. Communiquer ses besoins et ses peurs, être authentique à propos de ses désirs, faire des demandes précises et se rendre complice des attirances pour d'autres personnes sans y succomber sont autant de moyens pour vivre une sexualité nourrissante qui rapproche les amoureux au lieu de les éloigner.

Communiquez vos besoins

Un jour, à la suite d'une de mes conférences où j'ai parlé un peu de la sexualité dans la relation de couple, une jeune dame vint me voir pour me parler de ses nombreuses frustrations dans sa vie sexuelle. Son conjoint ne savait pas la satisfaire. Ne connaissant pas ses zones érogènes, il la caressait à des endroits du corps qui suscitaient en elle de l'agacement plutôt que du plaisir. Leurs rencontres sexuelles se détérioraient et cette dame reprochait à son mari de ne pas savoir la faire jouir. Elle était convaincue qu'il devait deviner comment lui faire plaisir sexuellement. Elle était d'ailleurs beaucoup trop pudique pour parler ouvertement de ce sujet avec lui. « Je ne vais quand même pas lui faire un plan », me dit-elle, exaspérée.

Pourquoi est-ce si difficile de parler clairement de ses besoins quand il s'agit de la vie sexuelle ? Tant de personnes réagissent comme cette dame et souhaitent être devinées parce qu'elles sont mal à l'aise de s'exprimer à propos de leurs désirs et de leurs besoins. La honte, qui prend parfois sa source dans les tabous, a des effets néfastes sur les rapports sexuels. Certains ont du mal à se donner droit au plaisir et à mettre des mots clairs sur ce qui fait vibrer leur corps. Pourtant, pour se créer une sexualité vivante et satisfaisante, il est important que les amoureux disent leurs besoins, qu'ils expriment à l'être aimé, avant, pendant et après la rencontre des corps, ce qu'ils aiment ou n'aiment pas, ce qui leur fait plaisir et ce qui les perturbe dans son approche. Ce dernier a effectivement besoin d'informations précises. Il ne peut pas deviner. Sans ce dialogue, chacun risque de répéter des gestes qui créent l'insatisfaction et la déception.

Dire, par exemple, que vous aimez les caresses de votre amoureux sur vos cuisses mais que vous n'appréciez pas sa manière de toucher vos seins vous semble peut-être très difficile. Pourtant, il est important, pour développer une sexualité satisfaisante, de lui exprimer ce qui vous fait plaisir sans le mettre responsable de vos frustrations. Si vous êtes trop mal à l'aise pour parler de ces sujets intimes, faites précéder l'expression de vos besoins par l'expression de vos peurs.

Communiquez vos peurs

Lorsque Jasmine a rencontré Louis-Paul, elle avait vingt ans. Il était son premier amoureux sérieux. Avant lui, elle n'avait connu que des amourettes. Elle n'avait jamais vécu d'expériences sexuelles. Aussi, était-elle remplie d'appréhensions. Ses peurs étaient tellement grandes qu'elle réussissait, par son attitude corporelle, à le dissuader de lui faire la moindre caresse. C'est lui qui, un jour, se décida à ouvrir un dialogue sur la question. Frustré par ses comportements, il a choisi de communiquer ses malaises. Il ne voulait pas quitter cette fille parce qu'il était très attiré par elle. De plus, il était conscient de ses nombreuses qualités. Il se sentait particulièrement bien avec elle, libre de parler de lui, heureux de discuter de sujets qui les intéressaient tous les deux. Il appréciait sa simplicité, son intelligence, son écoute, son accueil.

Il ne comprenait pas pourquoi elle était si distante quand il l'approchait physiquement alors qu'il la connaissait si chaleureuse dans toutes les autres circonstances. Quand il lui posa la question, il vit qu'elle était très mal à l'aise. Après un moment de silence, elle lui répondit honnêtement qu'elle avait peur. Elle se sentait nettement inférieure et avait une très grande peur de le décevoir, de lui déplaire, de ne pas être à la hauteur, d'être jugée et même rejetée parce qu'il avait eu des expériences sexuelles avec d'autres femmes. En fait, elle repoussait constamment ce moment par peur de le perdre. Louis-Paul fut très touché par les confidences de Jasmine qui, se sentant reçue dans l'expression de ses peurs, fut envahie par un sentiment de sécurité et de confiance. Cette rencontre au niveau des cœurs ouvrit la porte de la rencontre intime des corps. Sensible aux inquiétudes de la femme qu'il aimait, Louis-Paul fut plus attentif à ses besoins et surtout respectueux de son rythme.

La peur n'est pas présente uniquement au moment de la première relation sexuelle. Elle se pointe sporadiquement au cours de la vie d'un couple. Les peurs d'être dominé, de ne pas jouir, de ne pas faire jouir, de ne pas avoir de désir, de ne pas satisfaire l'autre sont normales. Elles demandent à être dites sans quoi elles creusent un fossé d'incompréhension et de doute entre les amoureux. Les exprimer, c'est communiquer au niveau du cœur. Parfois, le dialogue ouvre la porte au désir. D'autres fois, il favorise l'expression des besoins. L'un des amoureux peut souhaiter, à certains moments, que leurs rapports corporels se limitent à des caresses affectueuses. Quoiqu'il en soit, l'essentiel est de rester authentique dans la relation avec l'être aimé.

Soyez toujours authentique

La peur de perdre ou de décevoir et le besoin de plaire poussent certains conjoints à manquer d'authenticité par rapport à leurs désirs et à leurs besoins. Ils entrent dans le désir de l'autre et se nient complètement pour éviter de faire face à la frustration de celui ou de celle qu'ils aiment. Certains iront même jusqu'à feindre le plaisir. Cette attitude a toujours un impact négatif sur la relation parce que la fausseté finit par se percevoir et par susciter des malaises confus chez l'autre. De plus, elle rend la relation sexuelle de plus en plus désagréable à vivre. Celui qui n'est pas vrai à propos de ses désirs et de ses besoins et qui donne à l'autre des informations erronées fonde sa relation sur le non-dit, le refoulement, le mensonge, la manipulation. Il tentera, par des moyens détournés, de passer à côté de la vérité et donnera des excuses qui n'auront pas de rapport avec la réalité. Il suscitera donc le doute et, conséquemment, le manque de confiance qui rendra la relation souffrante.

Je ne pourrai jamais trop insister sur l'importance prioritaire de l'authenticité en ce qui concerne la sexualité. Dire à l'autre la vérité, c'est reconnaître, par exemple, qu'ici et maintenant, vous n'avez pas de désir ou que vous n'êtes pas à l'aise avec l'approche de votre conjoint, que vous avez peur d'être envahi, possédé ou dominé. Quel que soit votre vécu, exprimez-le authentiquement et avec responsabilité. C'est la seule façon de composer avec la réalité et de trouver des moyens de rapprochement.

Le manque d'authenticité entretient les sentiments d'impuissance et de culpabilité. Il tire les conjoints dans un tourbillon de malaises qui les enfoncent dans l'inconfort et le désespoir au lieu de créer des sources de renouvellement.

Apprenez à dire honnêtement que vous n'avez pas de désir sans juger le désir de l'être aimé et sans le lui reprocher. Souvent, dans leur peur de s'exprimer, chacun reproche à l'autre son mal-être. L'un trouve que son amoureux ou son amoureuse a un problème parce qu'il n'a pas envie de faire l'amour aussi souvent qu'il le souhaiterait. L'autre accuse l'être aimé de ne penser qu'à « ça ». Chacun se sent coupable et impuissant à trouver des solutions. C'est ainsi que, trop souvent, la relation se termine par une séparation, l'un des conjoints cherchant à satisfaire ses besoins avec une autre personne. Celui-là n'est peut-être pas conscient qu'il rencontrera probablement, à plus ou moins long terme, avec cette nouvelle personne, les mêmes problèmes ou des problèmes différents et qu'il aura à apprendre à composer avec la réalité pour trouver l'harmonie et le bonheur. Encore une fois, c'est la communication qui rapproche les conjoints. Sans elle, chacun interprète les comportements de l'autre à la lumière de son propre vécu. Sans elle, les amoureux restent prisonniers de leurs illusions.

B. Libérez-vous de vos illusions

Le nombre d'illusions et de fausses croyances sur lesquelles se fonde la vie sexuelle des couples est étonnant. Ces illusions méritent d'être démystifiées pour que les conjoints expérimentent une sexualité basée sur leur propre réalité. Voici donc certains leurres qui mènent inconsciemment leurs actions et leurs réactions et qui rendent la rencontre des corps difficile, frustrante, voire impossible.

Première illusion

Les couples heureux sexuellement sont ceux qui prolongent toute leur vie le type de sexualité qu'ils ont vécu au cours de la première étape de leur histoire amoureuse.

Cette croyance est fausse parce que l'expérience sexuelle d'un couple n'est pas statique. Elle évolue. Au début, la sexualité est généralement plus passionnelle. Elle est suscitée par une multitude de sensations et d'émotions qui envahissent le corps. Non encore confrontés au quotidien, les amoureux ont l'impression que tout est merveilleux. Quand la relation évolue, le couple doit faire face à des responsabilités et à des difficultés qui favorisent l'approfondissement du sentiment amoureux. Les conjoints connaissent alors une sexualité plus globale qui se caractérise par l'assouvissement des pulsions mais surtout par une approche plus tendre, plus affectueuse, plus adaptée aux besoins de chacun. Cette forme de sexualité résulte de l'expérience, de la connaissance de l'autre et de la richesse de la communication. Elle est ancrée dans la réalité. En effet, tous les couples sont confrontés parfois au stress, à des préoccupations de toutes sortes qui diffusent le désir pour des temps plus ou moins longs.

Les conjoints qui ont traversé l'épreuve du temps ont appris que la sexualité, c'est comme la vie. Elle connaît des hauts et des bas. Aussi quand l'intensité n'est pas au rendez-vous, ils ne paniquent pas. Ils se parlent, cherchent à se remettre en question, à comprendre et à s'ajuster pour mieux progresser avec encore plus d'intensité et d'amour.

Deuxième illusion

La qualité de l'amour dépend de la fréquence des relations sexuelles.

Rien n'est plus faux que cette croyance.

En réalité, la profondeur d'un amour enraciné ne vient pas de la multiplicité des relations sexuelles mais de la capacité des amoureux à gérer leurs problèmes, leurs difficultés et leurs conflits par la communication.

« C'est une illusion stupide et de plus en plus fréquente depuis quelque temps, que de fonder la force de l'amour ou le degré d'intimité d'un couple sur la fréquence des rapports physiques, nous dit Albisetti... mieux vaut avoir peu de rapports sexuels mais qu'ils soient accomplis avec amour qu'une activité sexuelle intense mais sans fondement. L'authenticité d'un mariage est rarement sauvée par les seuls rapports physiques ».[14]

Combien de personnes ont cru que leur conjoint ou leur conjointe ne les aimait pas parce qu'il ne répondait pas toujours à leurs désirs. Il est bien évident que l'absence totale de désirs sexuels sur une période très longue peut entraîner des questionnements qui méritent d'être élucidés dans un couple par la communication et la sollicitation de ressources extérieures. Il ne faut surtout pas croire cependant que la quantité des rapports sexuels est à elle seule une preuve d'amour. Tellement d'autres facteurs sont à considérer pour assurer la durée du bonheur dans la vie à deux.

---

14 Albisetti, op. cit., p. 47

Troisième illusion

La réussite d'une vie de couple repose exclusivement sur la sexualité.

> Carmen et Stéphane avaient une relation infernale. Le seul lieu où ils réussissaient à trouver l'harmonie était quand ils faisaient l'amour. Pendant longtemps, ils ont cru que leur entente sexuelle sauverait leur union. Malheureusement, ils ont dû se rendre à l'évidence et se résigner à la séparation parce qu'ils se détruisaient l'un l'autre chaque jour davantage.

J'ai connu plusieurs couples dont l'histoire ressemble étrangement à celle de Carmen et de Stéphane.

Centrer la réussite du couple uniquement sur la sexualité est une erreur qui entraîne de nombreuses désillusions. L'harmonie d'un couple se construit progressivement. Elle ne repose pas seulement sur la vie sexuelle mais aussi sur l'amour, la confiance, l'engagement, la communication, les valeurs, le quotidien, les projets communs, le rapport à l'argent, la spiritualité, etc.

Chacun de ces éléments est important et peut par lui-même être cause de conflits. Combien de couples se séparent pour des questions matérielles. D'autres n'arrivent pas à être heureux ensemble à cause du manque d'engagement. Parfois, ce sont les problèmes de communication qui éloignent les conjoints. Vivre en couple, c'est travailler le rapport à chacun de ces éléments sans quoi il est difficile d'être heureux.

Quatrième illusion

Pour réussir sa vie sexuelle, rien de mieux que de la baser sur les modèles que nous présentent le cinéma, les revues, la télévision ou les romans.

Bien que la majorité des gens soient conscients de la fausseté de cette affirmation, il n'en reste pas moins que les images que l'on voit à répétition dans la publicité, les films ou des magazines ont une influence subtile sur l'inconscient des conjoints à qui elles servent de points de référence. Certains se servent de ces images pour se comparer, ce qui les laisse avec le sentiment d'être inférieurs ou anormaux s'ils ne s'y conforment pas. Ceux-là ont du mal à trouver leur propre façon de vivre leur sexualité. Ils se perdent dans des modèles extérieurs et n'arrivent pas vraiment à toucher de satisfaction dans leur vie sexuelle.

Cinquième illusion

Ma façon de vivre ma sexualité est la meilleure et mon conjoint doit s'y conformer.

J'ai eu un jour en consultation une dame qui venait me voir pour travailler ses problèmes sexuels. Elle me confia que son mari lui avait fortement proposé de se faire soigner parce que leur sexualité n'était pas satisfaisante.

Il est extrêmement rare que les problèmes sexuels d'un couple dépendent d'un seul des conjoints. Les deux étant impliqués, chacun doit se remettre en question si des difficultés surgissent à ce niveau. Responsabiliser l'autre de ces difficultés, c'est se supérioriser et susciter chez l'être aimé le doute et le manque d'estime de soi qui lui enlèvent le goût de faire l'amour.

Consulter un sexologue est une démarche louable si les deux conjoints s'impliquent et acceptent de se remettre en question. Quand l'un d'eux croit détenir la vérité et que l'autre est infériorisé, la rencontre des corps ne peut se faire dans l'harmonie. Il est donc important de se défaire de cette fausse croyance et de toutes ces illusions qui nuisent à l'épanouissement sexuel du couple. Le meilleur moyen d'y arriver est de s'ouvrir à l'acceptation des différences.

C. Acceptez vos différences

Le livre le plus juste à propos de la sexualité et le plus proche de la réalité des couples que je puisse recommander à mes lecteurs est celui de Carolle et Serge Vidal-Graf intitulé *Se parler au cœur du sexe*. Le thème de l'acceptation des différences y est particulièrement bien développé. Il n'y a rien de plus important que cette ouverture à la différence de l'autre pour favoriser une sexualité épanouissante dans la relation amoureuse. De nombreux couples que j'ai rencontrés professionnellement connaissaient des problèmes sexuels à cause du manque d'acceptation des particularités individuelles. Ces derniers étaient prisonniers d'attentes déçues ou de comparaisons dévalorisantes ou encore de croyances annihilantes à propos d'eux-mêmes, de l'autre sexe ou de la sexualité en général qui les rendaient vraiment malheureux. Ces obstacles les empêchaient de voir leur partenaire amoureux tel qu'il était et de bâtir avec lui une relation sexuelle fondée sur la réalité des différences individuelles. Ce fut d'ailleurs le cas d'Irène et d'Édouard.

Tout semblait les séparer quand il était question de sexualité et chacun blâmait l'autre de ses frustrations et de ses insatisfactions. Se sentant envahie par les désirs de son mari, Irène avait des dizaines de prétextes pour le dissuader de faire l'amour : les enfants, le travail, la fatigue, les maux de tête. Tout y passait, excepté la vérité. Au fond d'elle-même, elle se sentait coupable de ne pas satisfaire les besoins de l'homme qu'elle aimait et anormale de ne pas être habitée aussi souvent que lui par le désir de faire l'amour. Comme elle n'arrivait pas à parler de ses malaises, elle réagissait à ses avances par la fuite, le jugement et les reproches répétés. Leur relation sexuelle était source constante de culpabilité pour chacun d'eux. Édouard avait, en effet, le sentiment profond d'être inadéquat. Ce problème avait un impact désagréable sur toute leur vie. Ils s'éloignaient l'un de l'autre progressivement. Irène développa petit à petit une peur de perdre son mari. Elle avait peur qu'il la quitte pour une femme plus passionnée sexuellement. Pour sa part, Édouard fantasmait de plus en plus sur d'autres femmes. Il restait cependant toujours très attiré par son épouse dont le corps avait sur lui un effet stimulant. De plus, il était profondément amoureux de cette femme merveilleuse qu'il avait choisie. C'est d'ailleurs pour cette raison qu'il lui proposa de faire avec elle la démarche de consulter un sexologue.

En réalité, la vie sexuelle d'une personne est unique et spéciale, tout comme le sont ses empreintes digitales, sa figure, ses goûts et son histoire de vie.

Tenter de calquer l'expérience sexuelle d'un être humain sur celle d'un autre, c'est nier sa différence et, conséquemment, le rendre confus et malheureux. Dans un couple, aucun des partenaires amoureux ne peut se comparer à l'autre tant au niveau des caractères, des limites, des réactions, des goûts que de la vie sexuelle. La distinction entre eux à ce niveau dépasse largement la différence des sexes. Elle tient à chacune des personnes et est présente dans le couple homosexuel autant que dans le couple hétérosexuel.

Dans la relation amoureuse, les conjoints se distinguent au plan sexuel par des différences plus ou moins importantes au niveau de leur rythme. L'un est facilement excité alors que l'autre a besoin d'une atmosphère particulière pour éveiller ses désirs. Tout au long du processus, il arrive que l'un d'eux souhaite prolonger le plaisir alors que l'autre est prêt à jouir. Les différences se manifestent quant au moment de la journée où chacun préfère faire l'amour. Certains sont plus stimulés le matin, d'autres l'après-midi, d'autres le soir. Votre conjoint est-il du matin, du midi ou du soir ? Et vous ?

On remarque aussi des distinctions au niveau de l'intensité du désir et de la fréquence des élans. De plus, les supports au plaisir ne sont pas nécessairement les mêmes ; l'un aime s'entourer d'images stimulantes et d'un décor particulier alors que l'autre préfère le silence ou les mots d'amour. L'un est excité par ce qu'il voit alors que l'autre garde les yeux fermés pour mieux jouir de ce qu'il entend. Certains amoureux se sentent en sécurité dans le confort de leur chambre alors que leurs conjoints apprécient grandement les changements de lieux. Des particularités se manifestent quant à l'appétit sexuel, aux limites de chacun et aux zones érogènes.

Que faire avec toutes les différences qui caractérisent celui qui a choisi de vivre heureux en couple ?

La relation permet de les découvrir et la communication de les exprimer. Cependant, elles ne serviront à l'épanouissement du couple que si elles sont vraiment acceptées sans comparaison, sans reproche, sans jugement, sans culpabilisation, sans condescendance.

Chaque amoureux a droit à sa différence au plan sexuel. Le problème de nombreux couples réside dans le fait que certains veulent changer leurs conjoints plutôt que de l'accueillir tel qu'il est.

Ceux-là ne sont pas conscients des conséquences de leurs tentatives inconscientes de pouvoir.

L'amoureux qui n'est pas accepté risque de se sentir coupable, inférieur et anormal. Il développera progressivement une peur du jugement, de la critique, du rejet ou du conflit qui le poussera à «faire semblant» ou à refuser le plus possible le contact sexuel. Pour lui, l'expérience de la sexualité sera associée à des émotions désagréables et souffrantes, ce qui lui enlèvera complètement le goût de faire l'amour.

Cette attitude est tout à fait normale. Personne n'aime répéter des expériences douloureuses. Ainsi, les conjoints habités par la culpabilité, l'infériorité, l'insécurité seront déchirés entre leur besoin d'affection et leur peur d'être confrontés à la souffrance de ne jamais être à la hauteur ou de se sentir anormaux. Dans certains cas, ce déchirement intérieur se manifeste par un va-et-vient d'éloignement et de rapprochement sans raison apparente. La plupart du temps, ils sont conscients de leurs malaises mais ne savent pas comment les exprimer. Aussi, restent-ils déchirés et insatisfaits.

Seule l'acceptation définitive des différences peut, dans ces circonstances, faire fondre la dysharmonie intérieure de chacun et la dysharmonie du couple. Il ne s'agit pas d'accepter temporairement les particularités du conjoint en attendant qu'il change mais de l'aimer tel qu'il est. Cet accueil profond a pour avantage extraordinaire de permettre aux amoureux d'apprendre à composer avec la réalité plutôt que de dépenser une énergie inutile pour la changer, pour s'y opposer ou pour lutter contre elle.

Au lieu d'avancer à contre-courant, les amants respectueux des différences suivent le courant de leurs natures respectives. Ainsi, plutôt que de contrôler ou d'étouffer les élans d'un mari fougueux, son épouse apprendra à accueillir ses désirs sans le juger. Accueillir ses désirs ne signifie pas qu'elle doive les satisfaire mais qu'elle lui donne le droit à sa différence. Le seul fait d'être reçu, sans reproche, ni rejet, enlève les sentiments de culpabilité, d'infériorité ou d'anormalité. L'amoureux sera peut-être déçu ou frustré mais il saura qu'il est aimé pour tout ce qu'il est. Pour sa part, au lieu de traiter sa conjointe de femme frigide si elle n'a pas envie de faire l'amour aussi fréquemment que lui, il sera plus respectueux de sa différence et cherchera avec elle des moyens de composer avec ce qu'elle est.

D. Moyens pour composer avec les différences sexuelles

1. *Cessez d'attendre que l'autre change*

Attendre le changement de l'être aimé, c'est exercer sur lui une pression plus ou moins subtile qui fait naître le stress et altère le désir.

L'attente tue la vie parce qu'elle porte une certaine forme inconsciente de pouvoir sur l'autre. Elle détruit furtivement l'harmonie relationnelle, qui, elle, repose sur l'acceptation. Lorsqu'un conjoint attend que l'autre change, il ne l'accepte pas tel qu'il est. Conséquemment, ce dernier ne se sent pas aimé vraiment. Ainsi, le doute s'installe dans son esprit. Pour le dissiper, il développe des attitudes contrôlantes. De cette manière se crée un système relationnel qui enlise les amoureux dans la confusion, l'impuissance et l'insécurité et qui entraîne l'incompréhension et le conflit.

L'un des grands secrets de la réussite sexuelle d'un couple réside dans l'acceptation ferme et définitive des différences de la personne aimée. C'est le seul moyen d'apprendre à vivre avec la réalité.

2. *Acceptez les fluctuations de vos désirs*

Francine se sentait anormale parce qu'elle ne ressentait pas toujours le désir de faire l'amour aux moments où son mari le voulait. Comme plusieurs épouses, elle se demandait si ce problème ne signifiait pas qu'elle était moins amoureuse de son conjoint. Elle se sentit soulagée d'apprendre qu'elle était normale et qu'elle ne devait pas nécessairement calquer son désir sur celui de son homme pour être une bonne amante. Elle reconnut qu'elle avait moins d'appétit sexuel que Charles mais qu'elle aimait bien faire l'amour.

Souvent, les problèmes à propos de la sexualité viennent surtout du manque d'acceptation de soi-même. Plusieurs personnes sont profondément bouleversées par la déception et la frustration de leur conjoint quand elles ne répondent pas à leurs désirs. En fait, cette déception est tout à fait normale. Si elles sont fortement affectées par ce vécu désagréable de l'être aimé, c'est qu'elles doutent d'elles-mêmes. Ces personnes auraient avantage à apprendre à se connaître et à s'assumer telles qu'elles sont sur le plan de leur sexualité. Ainsi, elles seront sensibles aux frustrations de leurs conjoints mais ne seront pas secouées par elles au point de se sentir coupables ou anormales. Il est donc important de développer l'accueil intégral de soi-même dans la relation sexuelle. C'est un préalable indispensable pour apprendre à accueillir la différence de l'être aimé.

3. *Accueillez sans jugement les désirs de votre conjoint*

Avez-vous un conjoint ou une conjointe qui éprouve beaucoup de désirs pour vous? Vous sentez-vous mal à l'aise avec ces désirs? Si c'est le cas, c'est peut-être que vous n'assumez pas votre différence. Vous risquez alors de le réprimer, de le culpabiliser ou de le rejeter alors que cet être aimé a tout simplement besoin d'être accepté dans l'expression de ce qu'il éprouve pour vous. Sans faire disparaître chaque fois la déception, l'acceptation a pour effet d'alléger l'atmosphère et de réduire les tensions qui causent les conflits. En réalité, par son désir, votre partenaire amoureux vous manifeste que vous êtes pour lui une personne attrayante qui l'excite toujours. C'est une grande chance que vous avez que celle d'être un être désirable pour celui ou celle que vous aimez. Prenez donc le temps d'accueillir ce cadeau plutôt que de vous sentir constamment menacé.

4. *Ne culpabilisez pas et ne faites pas de reproches à l'autre*

Si vous êtes déçu parce que votre conjoint ou votre conjointe ne répond pas toujours à vos désirs, évitez de lui dire des paroles culpabilisantes ou blessantes du genre de celles-ci :

« Tu ne m'aimes pas. Si tu m'aimais, tu me désirerais plus souvent. »

« Tu devrais consulter. Je crois que tu as de sérieux problèmes. »

« Les maris de mes copines sont beaucoup plus chaleureux que toi. »

« Ne sois pas surpris si j'ai une maîtresse. »

« Aucune autre femme ne voudrait de toi. »

« Ce n'est vraiment pas normal. »

Plutôt que de faire des remarques destructrices, parlez de votre déception et essayez de créer des conditions plus favorables.

Si, par contre, vous vous sentez menacé par les désirs de votre amoureux ou de votre amoureuse, soyez attentif à vos besoins au lieu de vous en défendre de la façon suivante :

« Tu ne penses qu'à faire l'amour. Tu es bien comme tous les hommes que j'ai connus. »

« Je suis un objet sexuel pour toi. Tu ne m'aimes pas vraiment. »

« Y a que le sexe qui compte. Tu ne sais pas donner d'affection. »

« J'en ai marre de tes désirs. C'est ta seule façon de m'aborder. »

« Tu es obsédé par la sexualité. Tu ne sais pas communiquer. »

Parlez davantage de votre peur de décevoir, de votre peur de ne pas être aimé et de vos besoins d'affection et de tendresse et acceptez la différence de celui ou celle que vous aimez. Vous pourrez ainsi trouver des moyens de vous rencontrer dans l'intimité qui soient plus agréables.

5. *Écrivez-vous des mots d'amour et de reconnaissance*

La relation amoureuse ne repose pas uniquement sur la sexualité. Votre conjoint doit sentir qu'il existe pour vous dans tout ce qu'il est et tout ce qu'il fait. Dites-lui souvent que vous l'aimez. Laissez-lui parfois des petits mots d'amour quand vous partez pour le travail. Téléphonez-lui sans autre raison que pour lui exprimer votre affection et pour lui dire que vous pensez à lui. Laissez un billet doux dans son porte-monnaie ou sa trousse de beauté.

Remerciez-le pour sa belle humeur, sa générosité, sa disponibilité, son écoute ou pour une autre qualité que vous lui reconnaissez. Dites-lui merci pour le bon repas, pour le ménage, pour les courses, pour ses apports financiers. Les mots d'amour et de reconnaissance ont un impact remarquable parce qu'ils manifestent à l'être aimé son existence comme personne globale. Il se sent alors aimé vraiment pour tout ce qu'il est et non seulement pour son corps et les désirs qu'il suscite.

6. *Regardez des films érotiques ensemble*

Il y a une grande différence entre la pornographie et l'érotisme. Le mot pornographie vient du grec « porné » qui signifie « prostitué ». Par contre, « érotique » de « érotikos » veut dire « amour ». Dans le premier cas, il y a sexualité sans amour. C'est le sexe pour le sexe, le sexe vidé d'affection. Ce genre d'image a souvent pour effet de susciter la répulsion chez certaines personnes par rapport à la sexualité. Elles se sentent une chose plutôt qu'une personne.

Le véritable film érotique atteint les conjoints au niveau des sentiments. Il éveille des sensations et des émotions agréables. Il met en relation le corps et le cœur. Il suscite le désir et le fantasme amoureux. Il provoque le rapprochement parce qu'il inclut la tendresse et la sensualité à la sexualité. Dans ce film, le rapport sexuel naît de l'amour. Il est beaucoup plus qu'un assouvissement des désirs, il est porteur d'épanouissement parce qu'il est une véritable nourriture affective.

Les conjoints auraient avantage à se faire ce plaisir de regarder ensemble des films érotiques ou de lire des livres érotiques pour alimenter leurs fantasmes. Pour les trouver, consultez des spécialistes, demandez à des amis.

Accordez-vous une soirée pour vous deux. Installez-vous confortablement. Prévoyez quelques friandises et assurez-vous que vous ne serez pas dérangés. Supprimez toutes les interférences, y compris le téléphone. Consacrez ce temps pour vous sans attentes et sans projets sur votre conjoint. Vivez pleinement le moment présent et relaxez complètement. Même si vous ne faites pas l'amour, ce temps d'arrêt saura vous rapprocher au niveau sensuel et affectif. Il vous rappellera les bons moments que vous aurez vécus dans les débuts de votre relation et vous donnera envie de répéter des gestes que vous avez posés, des actes que vous avez accomplis et qui ont nourri votre désir et votre amour à cette première époque de votre vie amoureuse. Souvenez-vous de ce qui faisait plaisir à l'autre. Pourquoi ne vous inspireriez-vous pas de cette étape passée pour nourrir votre présent ?

7. *Consacrez du temps pour vous aimer*

Les trois plus grands obstacles à la vie sexuelle des couples sont l'activisme, la routine et le stress.

Chacun est coincé dans un engrenage qui ne lui laisse pas le temps de vivre et de profiter de la vie. Les conjoints sont fatigués, stressés et surchargés. Il n'y a pas de place dans leur vie pour la relation affective. Tout se fait vite, même l'amour. Ce fonctionnement a pour effet de créer le manque, le vide intérieur, l'insatisfaction. Au lieu de mener sa vie, chacun est mené par la vie, par le travail, par les amis, par la famille, par les imprévus. Au lieu de faire des choix, les amoureux laissent les circonstances et le monde extérieur guider leurs pas.

Ils veulent tout et ne profitent de rien. C'est la course à la performance et à la richesse matérielle.

« Avoir » et « faire » sont les verbes dominants. Il n'y a plus de place pour « être » encore moins pour « être ensemble » dans la vie de certains couples.

La vie amoureuse ne se nourrit pas d'activisme et de routine. Elle a besoin de temps et de variété. Elle a besoin de changements, de surprises. Prenez le temps de vous en occuper. Les moyens sont nombreux pour alimenter vos liens affectifs et sexuels. Créez une atmosphère sensuelle avec musique et éclairage appropriés. Préparez un repas intime avec feu de cheminée ou avec des bougies, des fleurs et un menu qui ne vous demande pas trop de temps dans la cuisine. Prévoyez des moments pour danser amoureusement et pour vous parler de vos sentiments l'un envers l'autre et de vos fantasmes.

8. *Allez en vacances*

La tendance à l'activisme est tellement forte dans la vie d'un couple que même les vacances ne sont pas reposantes et favorables au rapprochement. Les amoureux ont besoin de temps pour s'arrêter, pour décrocher de leurs responsabilités, pour se détendre et pour se rapprocher. Partir en famille, c'est merveilleux. Faire des voyages organisés ou des voyages culturels, c'est particulièrement intéressant. Ces départs sont généralement fructueux parce qu'ils permettent de se dégager des problèmes quotidiens et qu'ils sont nourrissants sur le plan de la découverte et de l'apprentissage. Souvent, bien que favorables, ils ne suffisent pas pour rapprocher les conjoints.

Ceux-ci ont besoin de « vacances amoureuses », c'est-à-dire de temps d'arrêt pour « être ensemble ».

Si certains types de voyages donnent aux conjoints la possibilité de «faire ensemble» des activités différentes de celles qui les enlisent habituellement, elles ne leur fournissent pas nécessairement le temps de se parler en tête-à-tête, le temps de se reposer, de relaxer, de communiquer et de se rencontrer en profondeur. Il suffit parfois d'une fin de semaine de temps en temps pour atteindre la rapprochement souhaité.

Certaines mères et certains pères ont du mal à laisser leurs enfants pour quelques jours. Ils oublient que le temps qu'ils accordent à leur relation peut être à long terme plus bénéfique à leurs petits que leur présence stressée.

Les enfants qui grandissent dans une famille où les parents ont su prendre le temps de cultiver le sentiment amoureux, sans les négliger, sont les héritiers d'un bagage psychique qui assure leur équilibre intérieur.

Ces enfants ont la chance inouïe de grandir avec des parents qui sont des modèles de relation réussie et ils bénéficient d'une harmonie relationnelle qui rejaillit sur eux et les influenceront favorablement dans leurs relations affectives ultérieures. Je ne saurais donc trop insister sur l'importance d'intégrer dans la vie de couple du temps pour cultiver le sentiment d'amour, du temps pour nourrir le lien affectif, du temps pour favoriser le rapprochement au niveau de la sexualité, du temps pour sortir de la routine sclérosante.

Le couple heureux est formé de conjoints qui savent multiplier les voies de rencontre et trouver des lieux de rapprochement au plan intellectuel, affectif, créatif et sexuel. Leur union est alors plus globale et leur amour plus profond parce qu'il lie toutes les dimensions de leur être, y compris la dimension spirituelle.

Chapitre 6
Le couple et la spiritualité

Lorsque deux personnes sont amoureuses l'une de l'autre et qu'elles décident de vivre en couple, elles souhaitent ardemment être heureuses. Cependant, elles ne peuvent soustraire les obstacles de leur parcours amoureux. Qu'elles le veuillent ou non, elles sont confrontées au choc de la réalité, de la différence et de certaines situations qui bouleversent leurs vies telles, par exemple, la perte d'un emploi, la maladie, la mort d'un enfant ou l'adultère. Devant les épreuves, certains conjoints deviennent aigris ou dépressifs ; d'autres se perdent dans l'alcool ou le travail ; d'autres, enfin, se coupent complètement de leur monde affectif et se transforment en êtres indifférents, insensibles, absents. Pour échapper à la souffrance qu'infligent ces malheurs, certains fuient dans la séparation, d'autres se déchirent mutuellement, se détruisent et se blessent davantage alors qu'un certain nombre se réfugient dans la résignation. Ceux-là acceptent passivement la réalité sans réagir. Ils deviennent les marionnettes du destin.

Qu'ils se débattent pour lutter éperdument contre la source de leur souffrance, qu'ils fuient ou qu'ils démissionnent, ces amoureux choisissent une voie qui entretient leur malheur. Ils ne connaissent pas le bonheur d'affronter ensemble les obstacles de leur cheminement parce qu'ils n'ont pas d'espoir.

Les couples heureux que j'ai rencontrés, ceux qui ont traversé l'épreuve du temps, ceux qui sont sortis des événements malheureux plus proches l'un de l'autre, plus épanouis, plus forts intérieurement, étaient habités par une ressource indestructible : ils avaient la foi.

Vivre en couple et heureux, c'est possible en dépit de toutes les difficultés quand les amoureux savent qu'il y a au fond d'eux-mêmes une ressource spirituelle sur laquelle ils pourront toujours compter. Cette croyance ne vient pas pour un grand nombre d'entre eux de leur adhérence à un culte. Elle résulte plutôt d'une expérience d'intériorisation qui leur a permis de rencontrer en eux une source intarissable de support permanent. Pour accéder à cette source, il suffit d'avoir une ouverture sur la réalité invisible, immatérielle, incorporelle. Les amoureux qui reconnaissent l'existence de cette dimension imperceptible aux sens mais perceptible au cœur, cette dimension qui les constitue et les supporte, sont dotés d'une force et d'un amour qui les aident à franchir tous leurs problèmes de façon à en ressortir grandis.

Comment accéder à cette puissance intérieure qui fait partie de l'essence même de tous les êtres humains, croyants ou athées? Aucune vérité dogmatique ne peut à elle seule ouvrir l'homme à sa propre vérité spirituelle. Seule l'expérience d'intériorité donne accès à la foi. Il s'agit d'une expérience qui mobilise toutes les dimensions humaines, une expérience qui fait vibrer toute la personne et qui n'a de prise que si elle est interreliée aux émotions et aux sensations.

C'est l'ouverture à l'immatériel en soi qui sert de porte d'entrée sur l'expérience spirituelle. Pour croire en cette force profonde, les amoureux ont besoin d'être touchés émotivement. Sans ce rapport du cœur, du corps et de l'âme, la vie spirituelle est un carcan qui enferme dans le pouvoir des vérités dogmatiques lesquelles, au nom du salut, oppriment les ressources de l'âme humaine, source de vie et d'amour véritable.

Le chemin le plus court pour accéder à la source spirituelle intérieure n'est pas le dogme ni le culte mais l'expérience personnelle de la relation avec la force invisible qui habite chacun d'entre nous. Sentir circuler à l'intérieur de soi cette énergie relationnelle qui nous lie à cette puissance profonde et à la force universelle, c'est vibrer émotivement et sensoriellement. C'est précisément l'expérience de cette vibration de l'être qui rend vivant, qui donne l'espoir, la confiance et entretient la foi.

Le langage du monde spirituel n'est pas rationnel. Il ne se présente pas sous forme de vérité toute faite à laquelle nous devons nous soumettre. Pour expérimenter la présence de l'énergie intérieure, il est important de faire silence en soi et autour de soi, de s'intérioriser, d'écouter la voix du dedans, de méditer, de contempler la nature.

Malheureusement, les paroles des prophètes de toutes les religions ont été interprétées par la conscience rationnelle qui les a réduites à des vérités absolues et leur a enlevé la liberté intrinsèque du message d'origine qui était essentiellement respectueux des besoins de chacun. C'est pourquoi, il est certains représentants religieux qui font de la spiritualité un moyen de pouvoir sur les autres et privent ainsi l'homme de la véritable expérience spirituelle alors que d'autres, plus respectueux et plus humbles, savent donner accès à chacun à sa propre puissance intérieure et éveiller la confiance en ses ressources irrationnelles. C'est cette foi qui donne aux amoureux la possibilité de créer, d'harmoniser leurs différences, de composer avec la réalité sans perdre la joie de vivre et la joie d'aimer véritablement et de se servir de leurs incompréhensions, de leur impuissance, de leurs choix difficiles et de leurs épreuves pour évoluer comme personnes et pour faire évoluer leur relation.

Les incompréhensions

Il arrive dans la vie des couples des événements inattendus auxquels les conjoints n'étaient pas préparés, de ces événements qui semblent n'avoir aucun sens et qui leur font traverser des moments difficiles qu'ils ne savent pas contourner. La question spontanée qu'ils posent lorsque ces situations imprévues et souffrantes se présentent est la suivante :

« Pourquoi ? »

> Je me souviens de l'une d'elles qui a bouleversé ma vie amoureuse et familiale. Nous étions tous les deux, mon mari et moi, enseignants à l'école secondaire avec des horaires favorables à la vie de couple et à la vie de famille. Tout allait merveilleusement bien lorsqu'un jour il voulut réaliser son rêve d'acheter un commerce de matériaux de construction. Une offre importante et intéressante de partenariat se présenta de laquelle il voulait profiter. Malgré son enthousiasme, je ne voyais aucun avantage à ce projet. Les exigences d'une telle entreprise me priveraient de sa collaboration dans la maison et auprès des enfants. Je devrais assumer seule la responsabilité de faire les courses, de m'occuper des enfants après l'école, de les accompagner dans leurs activités et cela m'inquiétait énormément. Lorsque, malgré mes appréhensions, il prit la décision d'acheter le magasin, je me sentis seule et abandonnée. Je décidai donc de me confier à mon père. Quand je lui ai dit que je ne comprenais pas que mon mari fasse

ce choix qui m'apparaissait si désavantageux, j'espérais qu'il m'approuve ce que, heureusement, il ne fit pas. De sa chaise, il leva la tête, me regarda droit dans les yeux et me dit : « Ma fille, accepte son choix, un jour tu comprendras pourquoi il l'a fait. Ce n'est sûrement pas pour rien. »

Cette parole m'apaisa complètement parce qu'elle me donnait un espoir. La nouvelle orientation de mon mari prit un autre sens pour moi. Je l'acceptai sans me résigner et j'ai cherché des moyens de composer avec ma nouvelle réalité. Ce lâcher-prise et cette confiance m'ont été très salutaires. L'année suivante, comme mon conjoint était souvent absent, je me suis inscrite à l'université. J'ai poursuivi ainsi mes études universitaires à temps partiel, jusqu'à la fin de ma maîtrise. Ce parcours dura sept ans. Après, quand je fis le projet d'aller faire mon doctorat à Paris, il se joignit à moi. Nous avons pu réaliser ce rêve qui dura trois années grâce à des bourses que j'ai obtenues et grâce au profit qu'il retira de la vente de son commerce. De plus, quand nous sommes revenus au Québec, nous avons pu créer notre école de formation de thérapeutes, d'une part grâce à nos études, aux formations de thérapeutes que nous avons suivies au cours de ces dix années et aussi, grâce à l'expérience de l'administration et de la gestion qu'il avait prise dans son entreprise de matériaux de construction. De plus, ses études de premier, deuxième et troisième cycle universitaire qu'il avait suivies en psychologie clinique et en psychopathologie à l'université de Paris ont été un atout inestimable.

Maintenant, mon conjoint et moi savons que nous pouvons faire confiance à la voie intérieure. Nous sommes convaincus que ce qui nous arrive a un sens et qu'un jour nous le comprendrons. Voilà à quoi sert la foi dans les obstacles de la vie des couples. Au lieu de s'apitoyer sur leur sort, de critiquer, de s'accuser mutuellement, il est tellement plus salutaire de croire que notre guide intérieur peut nous faire avancer sur le chemin le plus propice à notre réalisation et à notre bonheur. Il suffit de s'ouvrir à lui par l'intériorisation et de trouver ensemble les moyens de composer avec la réalité plutôt que de perdre ses énergies à s'accrocher à un passé qui n'existe plus. Le même lâcher-prise est aussi efficace dans les moments où chacun est coincé par l'impuissance.

L'impuissance

Combien de fois les conjoints sont-ils confrontés à ce sentiment d'impuissance qui les emprisonne et qui les empêche de faire ce qu'ils voudraient ou d'obtenir ce qu'ils cherchent. Cette impuissance se manifeste surtout lorsqu'ils sont incapables de changer l'être aimé ou de changer les circonstances de certaines situations. Elle atteint son paroxysme quand le couple n'a plus de moyens pour régler un problème sérieux suscité par un enfant.

Nous avons connu cette souffrance de se sentir sans ressources quand notre fille, à dix-sept ans, tomba amoureuse d'un homme charmant, sérieux, travailleur mais très jaloux. Il avait toujours peur de la perdre, aussi venait-il la prendre à la maison tous les jours pour la conduire à l'école. Le midi, il dînait avec elle et le soir, il la ramenait après l'école. Après six mois de fréquentations, il occupait presque toute sa vie. Elle avait quitté presque tous ses amis. Même si, connaissant l'histoire personnelle d'abandon de ce jeune homme, nous étions sensibles à ses peurs de perdre et comprenions ses comportements possessifs, nous n'en étions pas moins très inquiets, voire même angoissés.

Au début, nous avons encouragé fortement notre fille à le quitter. Comme nous étions très insistants et qu'elle se sentait déchirée entre ses parents et son amoureux, elle était malheureuse et cessa de se confier à nous, ce qui amplifia notre insécurité. Le problème prenait de l'ampleur et nous souffrions de la distance que prenait notre fille, elle, habituellement si ouverte à tout nous dire de sa vie personnelle.

C'est à ce moment que, pour adoucir notre souffrance, nous avons fait appel au support de nos ressources intérieures. Nous les avons priées de nous aider à sortir de notre sentiment angoissant d'impuissance et de faire en sorte que notre fille soit heureuse. Cette prière nous apaisa. Le lendemain, alors que je marchais sous un soleil bienfaisant et que je pensais à ma fille, une pensée très forte s'imposa : « Fais-lui confiance, Colette. Tu lui as donné le meilleur de toi-même. Elle saura choisir ce qui est bon pour elle-même. »

J'avais ma réponse. À partir de ce moment, j'ai complètement lâché prise. J'ai cessé de m'imposer dans la vie de mon enfant et je lui ai fait entièrement confiance. Je savais qu'elle ferait le bon choix et j'étais prête à accepter sa décision quelle qu'elle soit. Se sentant libérée de mes conseils et de mes avertissements, elle se confia de nouveau à nous, se sentit moins déchirée et vit plus clair en elle. La relation entre elle et nous était rétablie. Six mois plus tard, elle quitta son copain.

Cette expérience nous sert encore de point de référence dans notre relation avec nos enfants. Nous avons donné ce que nous pouvions de mieux et, même si nous avons fait parfois des erreurs, nous savons que nos enfants sont en mesure de prendre leur vie en main. Ils savent toutefois que nous sommes là pour les écouter et les accompagner dans leurs souffrances mais grâce à notre foi, nous leur faisons confiance. Nous avons appris que, malgré notre amour, nous ne pourrons jamais éliminer les obstacles de leur route. Notre plus grande ressource est de les aimer et de leur faire confiance. De cette façon, ils deviennent autonomes, libres et heureux.

En réalité, la foi en nos forces spirituelles intérieures nous a donné le courage de traverser toutes les épreuves et de rendre notre vie plus heureuse. C'est un cadeau que nous avons reçu en héritage et que nous avons transmis à nos enfants. Lorsqu'ils souffrent, ils ne sont pas dépourvus.

Cette ouverture à la dimension spirituelle de leur être est essentielle aux conjoints qui veulent trouver un sens aux obstacles de parcours et qui veulent se construire et construire leur bonheur plutôt que d'entretenir et de grossir la souffrance.

La démarche spirituelle des couples est l'étoile de l'espoir sur les chemins laborieux. Elle rapproche non seulement les têtes et les corps mais aussi les cœurs et les âmes. Elle donne à l'amour une profondeur qui n'a pas de limites.

Aimer l'autre, c'est s'aimer assez pour contempler la source spirituelle de la paix et de l'harmonie qui constitue notre essence même. Aimer l'autre, c'est le rencontrer avec toutes nos dimensions. Alors seulement, nous pourrons ensemble connaître les voies du véritable bonheur de vivre à deux.

Conclusion

Récemment, lors d'une conférence que j'ai donnée sur le thème de la communication dans la vie affective, un homme d'une cinquantaine d'années se leva dans la salle et m'interpella ainsi :

— Vous dites que vous vivez en couple avec le même conjoint depuis des décennies ?

— C'est exact, répondis-je.

— J'ai eu plusieurs femmes dans ma vie. Je les ai toujours laissées l'une après l'autre. Ma plus longue relation amoureuse a duré cinq ans. J'ai quitté chacune de mes compagnes parce qu'il n'y avait plus de passion dans ma vie de couple et que je m'ennuyais à mourir avec elles. Comment avez-vous fait pour subir tant d'années de monotonie ? Est-il possible d'être encore amoureux après tant d'années de vie conjugale ?

Cet homme m'a posé ce soir-là des questions fondamentales qui trouvent une résonance dans l'expérience de plusieurs personnes. Le bonheur durable du couple est-il une utopie ? L'amour, le désir, la passion sont-ils réservés uniquement à la jeunesse ou à l'enfance de la vie de couple ? Comment être amoureux et heureux à deux toute une vie ?

Vivre en couple et heureux c'est possible à court terme mais le défi du couple moderne n'est-il pas de franchir l'épreuve du temps ?

C'est ce qu'ont réussi tous ces couples que j'ai rencontrés et dont les témoignages ont servi de principal fondement à la rédaction de cet ouvrage. Cultiver le sentiment amoureux pendant vingt ans, trente ans, quarante ans, cinquante ans, c'est possible si chacun est prêt à traverser les étapes du parcours qui mène à la maturité de la vie amoureuse. Être heureux ensemble longtemps, c'est possible si les conjoints acceptent de composer avec la réalité, de s'engager, de communiquer leur intimité profonde, de se rencontrer tant au niveau de la tête et du cœur que du corps et de l'âme.

S'engager dans une vie de couple, c'est un peu comme partir en voyage. Le projet de découvrir de nouveaux horizons fait généralement naître une grande excitation. Les amoureux éprouvent un immense bonheur à imaginer leur prochain périple, à le préparer. Aussi organisé soit-il, leur voyage reste toujours une nouvelle aventure à vivre.

Quels que soient les fruits de leur imagination, l'actualisation de leur projet n'empêchera jamais les voyageurs d'être confrontés à la réalité. En cours de route, ils rencontreront des moments d'émerveillement suivis de certains imprévus désagréables. Ils connaîtront des heures de fascination romantique et des périodes de déceptions et de frustrations. Ils jouiront de ces instants de plaisir qui remplissent le cœur de joie tout comme ils souffriront de ces moments de tristesse et d'ennui qui réduisent l'intérêt et altèrent la passion.

Mais quand l'ennui se pointe et que la passion diminue, que font les couples heureux pour cultiver le sentiment amoureux ? Ils s'investissent davantage dans leur relation, ils consacrent plus de temps pour la nourrir. Ils travaillent à sortir de la routine en tentant de nouvelles expériences, en créant de nouveaux projets, en trouvant de nouveaux moyens de se ressourcer ensemble, en cherchant de nouvelles approches pour se rencontrer dans l'intimité. Ces conjoints-là ne restent pas dans l'attente d'un changement favorable, ils le suscitent. Ils ne se résignent pas, ils choisissent d'agir, de s'occuper de leurs besoins. Ils ne laissent pas à l'être aimé la responsabilité de les rendre heureux, ils cherchent plutôt à découvrir en eux-mêmes la source de leur bonheur. Ces amoureux-là prennent surtout le temps de dire « je t'aime », de dire « merci » et de faire plaisir à l'autre.

Et quand ils rencontrent un obstacle, une difficulté ou un problème relationnel, ils ne partent pas. Ils choisissent de l'affronter ensemble pour se rapprocher l'un de l'autre et enraciner leur amour. Ils savent qu'ils peuvent se résigner et faire de leur vie de couple une plaine sans relief où ils ne connaîtront pas de grandes tristesses ni de grandes joies. Ils savent aussi qu'ils peuvent en faire une montagne à gravir où ils se sentiront toujours vivants parce qu'ils vibreront à toutes les étapes.

Encore là certains, qui préfèrent la montagne à la plaine, entreprennent la montée avec enthousiasme. Cependant, dès qu'ils rencontrent un obstacle important, ils redescendent et reprennent l'ascension un peu plus loin avec une autre personne. Chaque fois, comme cet homme qui m'a questionnée à la conférence, ils recommencent une nouvelle aventure avec un nouveau partenaire amoureux mais ils ne se rendent jamais au bout du parcours. Ceux-là ne connaîtront jamais le bonheur des découvertes de la montée vers les sommets de la vie amoureuse. Ils ne vivront jamais le bonheur que connaissent les couples qui ont su traverser les crevasses pour aller « toujours plus haut, toujours plus loin » et jouir enfin de la satisfaction qui les attend.

Il est beau ce moment où, à sa maturité, le couple récolte la sève d'un amour profond, solide et global. Il est beau et tellement émouvant ce moment où les conjoints qui ont atteint la période de maturité de leur relation amoureuse peuvent dire aux autres avec conviction, le cœur rempli d'amour et d'un grand sentiment d'accomplissement : «*Vivre en couple et heureux, c'est possible*».

Bibliographie

ALBISETTI, V. *Mieux vivre en couple*. Paris : Éditions Brépols, 1996.

BERTRAND, M. *Réussir une relation amoureuse*. Montréal : Éditions Trustar, 1996.

BRACONNIER, A. *Le sexe des émotions*. Paris : Odile Jacob, 1996

CARPENTIER, Dr G. *Les secrets d'un couple heureux*. Boucherville : Éditions de Mortagne, 1993.

DE ANGELIS, Barbara *Les moments vrais*. Traduit de l'anglais par Nathalie Pacout. Alleur (Belgique) : Les Grands Formats Marabout, 1996.

DE HENNEZEL, Marie, *La mort intime*. Paris : Pocket, 1995.

DESJARDINS, Arnaud et al. *Être à deux, ou les traversées du couple*. Paris : Albin Michel, 2000.

HENDRIX, Harville "Getting the Love you Want". New York: Harper & Row Publishers, 1988.

PAGE, Susan "The 8 Essential Traits of Couples Who Thrive". New York : Dell Publishing, 1997.

PASINI, Willy. *Éloge de l'intimité*. Paris : Petite bibliothèque Payot, 1991.

PASINI, Willy. *À quoi sert le couple*. Paris : Odile Jacob, 1996.

PORTELANCE, Colette, 1943- *Relation d'aide et amour de soi*. 4e éd. 1998. Montréal : Éditions du CRAM, 1990, 5e édition 2014, 130e mille. Traduit en anglais. « Helping Relationship Through Self-Love ».

PORTELANCE, Colette, 1943- *La communication authentique : l'éloge de la communication intime*. 2e éd. (1997) sous le titre *Approfondissez vos relations intimes par la communication authentique*. Montréal : Éditions du CRAM, 1994. Traduit en anglais. « Authentic Communication »

PORTELANCE, Colette, 1943- La liberté dans la relation affective. Montréal : Éditions du CRAM., 1996

PORTELANCE, Colette, 1943- *Éduquer pour rendre heureux*. Montréal : Éditions du CRAM, 1998.

REINISCH, Dr J. *L'amour, le désir, le corps*. Les réponses de l'institut Kinsey. Traduit de l'américain par Hélène Solomoninis et André Muller. Paris : Robert Laffont, 1993.

RICH, P. "The Healing Journey for Couples". Toronto: John Wiley & Sons, 1998.

SALOMÉ, Jacques, 1935- *Une vie à se dire*. Montréal : Les Éditions de l'homme, 1998.

STANKÉ, Josette *Nos amours difficiles mais nécessaires*. Montréal : Éditions internationales Stanké, 1997.

TESSIER, R. et al. *Vivre à deux aujourd'hui*. Montréal : Le Jour éditeur, 1993.

VICTOR, C. *Le cœur d'un couple*. Paris : Robert Laffont, 1998.

WRIGHT, J. *La survie du couple : une approche simple, pratique et complète*. Montréal, Le Jour Éditeur, 1990.

VIDAL-GRAF, Carolle et Serge *Se parler au cœur du sexe*. Genève : Éditions Jouvence, 1998.

À propos de l'auteur

Colette Portelance est née en 1943 dans une petite ville québécoise d'un père cultivateur qui lui a communiqué son amour de la nature et d'une mère institutrice. Influencée par l'enthousiasme de cette dernière pour sa profession, elle décide très jeune qu'elle consacrera sa vie à l'enseignement. Après avoir obtenu un Brevet A de l'École Normale de Valleyfield, elle entreprend donc sa carrière dans sa ville natale où elle enseigne pendant dix-huit ans aux adolescents tout en poursuivant à temps partiel ses études à l'Université de Montréal.

En 1982, elle quitte le Québec avec sa famille pour aller compléter un doctorat à l'Université de Paris. À son retour, trois ans plus tard, elle fonde le **Centre de Relation d'Aide de Montréal** (CRAM^{MD}) et crée une approche humaniste de la relation d'aide : l'**Approche non directive créatrice**^{MD} (ANDC^{MD}). Elle consacre les années qui suivent à la formation des thérapeutes par l'ANDC tout en donnant conférences et séminaires au Québec et en Europe. C'est au cours de ces années qu'elle écrit ses six premiers ouvrages maintenant bien connus.

Pour des raisons de santé, elle décide d'interrompre sa carrière au CRAM^{MD} en octobre 1999. Au cours des sept années suivantes, elle partage son temps entre le Costa Rica où, au coeur de la nature, elle se dédie à l'apprentissage de la langue espagnole, la France où elle comble son besoin de vie culturelle et son très cher Québec où elle est toujours heureuse de retrouver ceux qu'elle aime : ses quatre enfants et ses douze petits-enfants, sa famille et ses nombreux amis.

Ce n'est qu'en 2006 que Colette Portelance décide de reprendre la plume pour écrire ses plus récents ouvrages, *La guérison intérieure, un sens à la souffrance*, *L'acceptation et le lâcher-prise* et *Les 7 étapes du lâcher-prise*. Dans ces derniers livres, l'auteur guide le lecteur vers le chemin qui mène au cœur de la vie, celui de la paix, de la sérénité et de l'amour.

Achevé d'imprimer
au mois de mai 2014
sur les presses de l'imprimerie Lebonfon
à Val d'Or (Québec).